RÉSEAU DIAGONALES

Collection dirigée par Étienne Calais

Le Procès
Kafka et Welles

Marie-Claude Demay
Agrégée de Lettres, Inspecteur pédagogique régional de Lettres
dans l'académie de Poitiers,
en charge des enseignements de cinéma-audiovisuel

Jean-Claude Rullier
Professeur certifié de Lettres, enseignant le cinéma audiovisuel
en lycée et à l'université de Poitiers,
chargé du secteur cinéma à l'Action culturelle du rectorat de Poitiers

ellipses

ISBN 2-7298-2027-2

www.editions-ellipses.fr

Le Procès[1] de Franz Kafka (1914)

Programme TL/ES 2004-2006

1. Édition de référence Le Livre de Poche.

Première partie

Mise en abyme de l'œuvre

Genèse de l'œuvre et problèmes liés à l'édition

On ne peut sérieusement commencer l'étude du *Procès* sans rappeler les problèmes que soulève cette œuvre, publiée après la mort de son auteur, et donc sans qu'il en ait assuré la supervision, c'est pourquoi il convient de se pencher sur les circonstances précises mais complexes de sa genèse.

C'est en 1914, après la rupture le 12 juillet de ses fiançailles avec Felice Bauer, que Franz Kafka rédige *le Procès,* en même temps que *La Colonie pénitentiaire* et juste avant *La Métamorphose,* écrite en 1915.

Au printemps 1925, ***un an après la mort de l'écrivain,*** Max Brod, ami fidèle depuis plus de vingt ans et sorte d'exécuteur testamentaire de Kafka, publie un roman de dix chapitres intitulé *Le Procès,* mais apparemment distinct du manuscrit qu'il a en sa possession.

Auparavant, en novembre 1921 était paru, sous la signature de Max Brod, un article dithyrambique sur un chef d'œuvre remarquable, *Le Procès,* dans la revue littéraire allemande de grand renom, la *Neue Rundschau :* l'œuvre y est présentée comme une réussite absolue et universelle…

Jusqu'en 1946, Max Brod augmentera le texte manuscrit originel de « fragments » conservés par lui mais non publiés lors de la première version. On se rappellera que ***Kafka avait demandé à Max de brûler tous ses manuscrits après sa mort,*** ce que ne fit pas Brod : on peut s'en réjouir, mais aussi douter quelque peu de son honnêteté intellectuelle, sa « fantaisie » ayant guidé les impressions successives du *Procès* (1925, 1935, 1946), avec ou sans fragments, et dans un ordre — concernant les chapitres — qui a été remis récemment en question[1].

1. Ainsi de l'édition du *Procès* en *Livre de Poche* 2001, traduction d'Axel Nesme, qui place en tête d'ouvrage le chapitre « FIN » ; la préface (p. 20 et suivantes) explique

On se trouve donc logiquement, à l'heure actuelle, en face de plusieurs textes, notamment en traduction française, soit du fait des traducteurs successifs (d'Alexandre Vialatte, le premier qui a fait connaître l'œuvre de Kafka aux français, à Axel Nesme, par exemple) soit du fait des aléas directement liés aux décisions de Max Brod, changeantes et forcément partiales, comme il apparaît nettement aujourd'hui.

On se consolera de ces fluctuations éditoriales en adoptant l'explication de Brigitte Vergne-Cain et de Gérard Rudent dans leur préface du *Livre de Poche* : tout cela a peu d'importance si l'on considère que ce roman est composé « en trompe l'œil, en des épisodes à l'ordre interchangeable... », même si cela reste à vérifier.

Cette même préface met en avant ***la véritable révolution qu'a constitué la parution en 1990 des travaux de l'éditeur anglais Pasley*** qui montre que, dès août 1914, Kafka avait rédigé les chapitres qui enserrent le récit (l'arrestation de K. et son exécution finale, d'ailleurs dans l'ordre inverse, la fin ayant été écrite *avant* le début) et qu'il a patiemment rempli, au fil des semaines et mois suivants, les « chapitres » intermédiaires : cette façon de procéder a son importance. Une telle approche — qui s'appuie sans contestation possible sur les manuscrits — bouleverse toutes les études du *Procès* qui l'ont précédée, en mettant l'accent sur ***la fragmentation du processus d'écriture de l'œuvre*** ainsi que sur l'importance des chapitres I et X dans l'ensemble du récit ; elle permet aussi de conclure à une *composition par juxtaposition progressive de « scènes »* dont la mise bout à bout constitue le récit proprement dit des « aventures » de Joseph K., ce que la lecture attentive du journal de Kafka, pour l'année 1914, confirme totalement : on peut y suivre la genèse progressive de l'œuvre, avec ses arrêts d'écriture, ses « mises en panne », ses reprises, entre le début de

---

et justifie cette nouvelle disposition en insistant par ailleurs sur l'inachèvement avéré de la version manuscrite du *Procès* qu'avait en sa possession Max Brod.

la narration (août 14) et son achèvement définitif vers la fin de cette même année.

On notera ensuite qu'un extrait du *Procès* — et c'est le seul — est paru du vivant de l'auteur en 1915 dans l'hebdomadaire *sioniste** de Prague *Selbswehr*, puis dans un recueil de nouvelles en 1920, sous le titre *Un médecin de campagne* : il s'agit du texte « Devant la Loi » que l'on retrouve intégralement retranscrit au chapitre 9 du *Procès*, « Dans la cathédrale » ; on remarquera également qu'Orson Welles fera figurer ce même texte — dit par lui en voix off — dans le pré-générique de son film. C'est dire l'importance que les deux créateurs ont donné à ce texte, lequel paraît fonctionner — dans les deux cas — comme un *message* digne d'être mis en exergue* car essentiel. Nous y reviendrons.

De cette étude récente, on peut enfin retenir ***l'idée de « collage »*** de ce que les préfaciers du Livre de Poche pré-cités nomment des « contes oniriques », technique pour eux révélatrice de l'art de Kafka et dont on pourra peut-être retrouver le principe dans la structure même du film de Welles.

Aspects autobiographiques – les « Deux Procès »

Les fiançailles rompues

Lorsque Maurice Blanchot évoque la « crise ouverte par ses fiançailles » qui bouleversa Kafka en 1914, plus encore que « l'ébranlement de la guerre[1] », il rejoint Elias Canetti qui, dans *La Conscience des mots* présente la rupture des fiançailles de Kafka avec Felice Bauer comme « l'autre procès[2] ».

Plus encore que Blanchot, Canetti voit dans cet événement biographique majeur la source première du *Procès*, rédigé peu après

1. Maurice Blanchot, *L'Espace littéraire*, Gallimard 1955.
2. Elias Canetti, *La Conscience des mots*, Albin Michel 1984.

cet épisode personnel douloureux. Quelques jours après avoir été confronté à sa « future » et aux deux familles le 12 juillet 1914 dans un hôtel de Berlin, Kafka note dans son journal qu'il se sentit **« ligoté comme un criminel »** : « Si on m'avait mis dans un coin avec des chaînes réelles, et si on avait placé des gendarmes devant moi, et qu'on m'eût laissé regarder de cette façon-là seulement, cela n'aurait pas été pire. Et c'étaient mes fiançailles, et tous s'efforçaient de me ranimer, et, comme cela ne marchait pas, de me tolérer comme j'étais[1]. »

Dans ce même journal en date du 23 juillet il fait clairement allusion à ***un « tribunal à l'hôtel »*** à propos de la rencontre du 12 juillet à l'Askanischen Hof où furent rompues les fiançailles : toute la page est à relire tant elle s'avère proche par son ambiance et par son style d'écriture de la scène d'arrestation de K. dans le roman : même sensation d'étouffement (la chambre surchauffée aux murs comme rétrécis qui « enserrent la fenêtre placée dans un renfoncement »), même échange de paroles hostiles. Pour Elias Canetti, cela ne fait aucun doute, « le procès, qui s'était jusqu'à maintenant déroulé en l'espace de deux ans entre Felice et lui par lettres, se métamorphosa en cet autre *Procès* que chacun connaît[2]. »

Et d'insister : « On peut démontrer que la terreur émotionnelle des deux événements /les fiançailles et leur rupture peu après / passa directement dans *le Procès*, dont il commença la rédaction en août[3]. »

Maurice Blanchot ne dit pas autre chose, insistant lourdement et avec raison sur ***l'impossibilité pour Kafka de concilier vie de famille et écriture d'une œuvre*** :

> *« Il faudrait à Kafka plus de temps, mais il lui faudrait aussi moins de monde. Le monde est d'abord sa famille [...], c'est ensuite sa fiancée,* son désir essentiel d'accomplir la loi *qui veut que l'homme réalise son*

1. F. Kafka : *Journal – 1914*, traduction de Marthe Robert-Grasset 1957.
2. Elias Canetti, *op. cit.*
3. *Idem.*

destin dans le monde, ait une famille, des enfants, appartienne à la communauté[1]. »

Pour Blanchot — et nous tenons sans doute là une des clefs essentielles du *Procès* — si Kafka « abandonne le bonheur terrestre d'une vie normale » en n'épousant pas Felice, ***il « abandonne aussi la fermeté d'une vie juste, se met hors la loi***[2]. »

Il semble que s'échafaude alors dans l'esprit de Kafka ***tout un processus de culpabilisation mais aussi de victimisation,*** l'écrivain ayant dû sacrifier la vie à l'œuvre puisque, comme il l'affirme encore dans une lettre adressée au père de sa fiancée : « Mon unique aspiration, mon unique vocation [...] est la littérature. »

Pour Blanchot, pas de doute, cette exclusion du monde *commun* s'avère positive car elle permet — grâce au célibat /solitude — d'engendrer l'œuvre, la littérature s'affirmant « comme le pouvoir qui affranchit, la force qui écarte l'oppression du monde » par « le passage libérateur du " je " au " il "[3]... »

Passage du « je » Kafka au « il » Joseph K. ? Il y a là plus qu'une évidence sur laquelle il conviendra de revenir, ne serait-ce que pour poser ***les limites de la part du biographique dans Le Procès.*** Mais il fait peu de doute que l'oppression de la Loi, le sentiment de Culpabilité et la certitude de l'Accusation de K. renvoient, dans leur force inéluctable, sans appel, à l'expérience du 12 juillet 1914, traumatisante pour l'homme, mais ô combien créatrice pour l'écrivain.

Autres aspects biographiques

Nous venons de pointer du doigt l'évidente concordance entre la vie et l'œuvre qui font du *Procès* une réplique sinon exacte du moins *transposée* d'un moment douloureux de la vie de son

1. Maurice Blanchot, *L'Espace littéraire* (c'est nous qui soulignons).
2. *Idem.*
3. *Idem.*

auteur. Mais il existe d'autres rapprochements vie/œuvre qui peuvent être faits si l'on cherche à rendre moins opaque le « message » de ce livre, énigmatique dans son fondement même.

La figure du père

Ainsi du rapport de Kafka le fils à son géniteur qu'éclaire nettement *la « **Lettre au Père**[1] »*, petit opuscule non publié du vivant de son auteur ni jamais envoyé à son destinataire. Une lecture même rapide de ce témoignage intime de premier plan (Kafka s'y exprime sans réserves et sa lettre évoque une confession à un psychanalyste) montre très bien la portée autobiographique du *Procès* quant à ce qui en constitue le thème profond : ***l'Accusation avérée, la Culpabilité acceptée de Joseph K.*** Quelle est cette Loi suprême qui juge K., le condamne puis l'exécute, on serait tenté de dire : « sans autre forme de procès » ? Pourquoi s'avère-t-il *soumis* à une « autorité » qui ne se montre jamais mais dont il admet assez vite l'existence, contre laquelle, certes, il se rebiffe, mais dont il acceptera en fin de compte qu'elle le mette à mort sans qu'il oppose la moindre résistance lors de son exécution ? De quel péché l'accuse-t-on ? En quoi, au fond, a-t-il *mérité* de mourir ? La *Lettre au Père* fourmille d'expressions liées à la culpabilité intrinsèque du fils et évoque avec force les pages du *Procès* :

> *« Bien des années après, je souffrais encore à la pensée douloureuse que cet homme gigantesque, mon père, l'ultime instance, pouvait presque sans motif me sortir du lit la nuit[2]... »*

> *« On se trouvait en quelque sorte déjà puni avant de savoir qu'on avait fait quelque chose de mal[3]. »*

Mieux encore :

> *« ... ce terrible procès qui est en suspens entre toi et nous et dans lequel tu prétends sans cesse être juge[4]. »*

---

1. *Lettre au Père*, traduction française de Marthe Robert, Gallimard 1957.
2. *Idem.*
3. *Idem.*
4. *Idem.*

L'ensemble du texte, de manière hallucinante, se présente comme une grille de lecture du* Procès, *faisant du père le « juge suprême » qui accuse sans cesse ses enfants, et du fils une sorte de « victime expiatoire » condamnée, dès sa naissance, à n'être rien, ou pas grand chose — face à ce géniteur surdimensionné — et condamné par avance pour la seule raison… d'être né !

Kafka lui-même exprime très explicitement le lien qui unit son rapport au père à son livre *Le Procès* :

> « *Par ta faute, j'avais perdu toute confiance en moi, j'avais gagné en échange un infini sentiment de culpabilité (en souvenir de cette infinité, j'ai écrit fort justement un jour au sujet de quelqu'un : " Il craint que la honte ne lui survive. "[1]).* »

Voici là, précisément, **la dernière phrase du *Procès*.**

Ainsi, la figure du Père — posée comme représentation du juge partial et par la même injuste mais dont on ne peut réfuter la position supérieure par rapport au fils — peut-elle fournir *une clef pour entrer dans l'œuvre* et éclairer ce qu'a d'absurde, d'irrationnelle, mais aussi d'inéluctable, la position de K. dans le roman : que peut-on opposer à celui qui vous a donné la vie, et qui vous reproche la vôtre en tant qu'adulte, à savoir d'être celui qui ne reprend pas le commerce paternel, s'enlise dans des études de droit, fréquente des gens de théâtre, ne pense qu'à écrire et rompt par deux fois — ***erreur sociale par excellence*** — ses fiançailles, refusant ainsi d'entrer *dans le moule*, donc de se faire une place *décente*, car attendue, dans la « communauté » ?

La figure du juif

Il reste à s'interroger, pour ce qui est de l'apport du biographique dans le roman, sur la « **judéité** » de son auteur, même si le Père peut à lui seul témoigner de l'appartenance du fils à la communauté juive, mais il faut mener cette interrogation avec une extrême prudence.

1. *Journal, op. cit.*

Prudence d'abord parce que, lorsqu'il rédige *le Procès*, Kafka ne met pas au centre de ses préoccupations intellectuelles ou religieuses son appartenance à la communauté juive de Prague, ce dont il est conscient. C'est vers la fin de sa (courte) vie qu'il se penchera plus précisément sur cette appartenance, pensant même à s'expatrier en Palestine et fréquentant les groupements et associations sionistes des villes où il séjourne[1].

Prudence ensuite parce que ***Joseph K. n'est jamais présenté comme juif*** au lecteur et qu'il serait dangereux de voir en lui le calque exact de Kafka, malgré des similitudes troublantes, ne serait-ce que dans l'initiale de leur nom de famille et dans la concordance de profession et d'âge du personnage et de l'auteur.

Marthe Robert le dit d'ailleurs clairement :

« C'est l'une des singularités les plus remarquables de l'œuvre de Kafka qu'elle semble tourner autour des grands thèmes de la pensée et de la littérature juives — l'Exil, la Faute, l'Expiation, ou si l'on veut en termes plus modernes, la culpabilité liée au déracinement et à la persécution — sans mettre un seul juif en scène ni même que le mot " juif " y soit jamais prononcé[2]. »

Prémonition ?

Prudence enfin car s'il s'avère qu'on peut relire de nos jours *le Procès* sous l'angle de la prémonition (ainsi pourrait-on y voir une prescience du nazisme, puissance rampante, tribunal organisé mais souterrain qui « veut la peau » de « coupables » n'ayant à se reprocher que le fait d'être nés ; ainsi de l'exécution finale de K. acceptée sans résistance malgré l'absence de fondement de sa faute, « annonçant » par là même le processus de la Shoah ...), ***on ne saurait faire ces rapprochements qu'au prix d'une énorme distorsion historique*** et en se rendant coupable d'une interpréta-

1. Voir la biographie de Kafka.
2. *Seul comme Franz Kafka*, Marthe Robert, Calman-Lévy, 1979 (chapitre I).

tion rétrospective, donc nécessairement fausse, d'un roman écrit quelques vingt ans avant les faits !

Il n'empêche : **le *Procès* parle autrement aux lecteurs d'aujourd'hui**, et le cinéaste Orson Welles, lorsqu'il l'adaptera à l'écran, ne pourra faire totalement fi de cette dimension *quasi prémonitoire*. Il écartera toutefois complètement — et pour cause ! — toute allusion à une quelconque *judéité* du personnage de K. Il faudra s'en souvenir.

Kafka le pragois et l'espace esthétique européen du début du XXe siècle

Franz Kafka, né le 3 juillet 1883 à Prague, appartient à la ***bourgeoisie juive commerçante aisée de Prague***.

Du fait des aléas de l'Histoire, il naît en pleine période de compromis, passant de sujet de sa Majesté François-Joseph à citoyen autrichien (en 1907), puis citoyen de la République Tchèque, et, s'il n'était mort de tuberculose en 1924, il serait devenu sujet allemand (1935), puis probablement envoyé comme ses deux sœurs en camp de concentration pour y mourir ; c'est le sort que connut aussi Miléna Jesenska, amie de cœur et correspondante célèbre de l'écrivain[1].

On ne saurait résumer en quelques lignes la situation sociale et culturelle de Kafka en ce début de vingtième siècle.

Retenons surtout qu'il a été élevé, comme bon nombre de juifs aisés de Bohême, à deux pas mais hors du ghetto juif de Prague, ***recevant une éducation purement « germanique »*** (lycée, faculté de droit, études entièrement faites en langue allemande) dans un réel souci, de la part des siens, de l'intégrer à la culture dominante du pays : ***parler, écrire, penser en allemand était gage de réussite sociale et d'intégration pour un membre de la minorité juive pragoise*** à laquelle Kafka appartenait sans conteste !

---

1. Voir Jocelyne Hubert, *La Métamorphose*, Ellipses, « Résonances », 2004.

À l'époque où le jeune Kafka prend son envol — écrivant ici et là dans des revues intellectuelles pragoises, notamment celles d'obédience sioniste, et fréquentant les lieux culturels tchèques en vogue — se mettent en place au centre de l'Europe (ou *Mittle Europa*) des courants artistiques « modernistes », en arts plastiques comme en littérature. S'il n'en est pas à proprement parler un *acteur de premier plan*, Kafka ne peut pas ne pas avoir fréquenté ces cercles ni avoir eu vent d'aucun des *souffles de renouveau* proches de lui, même si son *Journal* fait assez peu état de cette « modernité » artistique ambiante...

Il est toutefois important de noter que l'année de rédaction du *Procès*, **1914**, est également celle de la mise en route de *La Recherche* pour Proust et de *l'Ulysse* de Joyce ! C'est dire que, sans se connaître ni se concerter le moins du monde, trois grands auteurs sont à l'œuvre, qui vont mettre à mal la conception classique du roman héritée du XIXe Siècle, rompant ainsi avec elle de manière aussi incontestable qu'irréversible... La ***modernité*** de Kafka dans *le Procès* est d'ailleurs toujours perceptible au travers de l'intemporalité de son récit et de la neutralité de son style, ainsi que l'exprime sa traductrice et grande spécialiste Marthe Robert, qui décèle en son œuvre « l'art moderne le plus vigoureux, le seul peut-être en qui modernité et rigueur aient su réellement s'allier[1]. »

Ce qui est sûr, c'est que Kafka fréquentait les lieux avant-gardistes de Prague (puis plus tard ceux de Vienne et de Berlin), et surtout qu'il était **spectateur assidu de théâtre** et — dans une moindre mesure — de **cinéma**, celui-ci en étant, en 1914, à ses débuts. On sait maintenant qu'il allait surtout voir des films dits « populaires », courts-métrages souvent inspirés de faits-divers, et qu'il connaissait sans doute le cinéma burlesque, notamment les premiers films de Chaplin[2].

---

1. Marthe Robert, *Seul comme Franz Kafka*, *op. cit.*
2. Cf. Hanns Zischler, *Kafka va au cinéma*, cité dans les *Cahiers du cinéma* 1998.

Plus important encore paraît sa fréquentation du Théâtre Yiddish de la troupe de Löwy que Kafka suivra et admirera sans réserve en 1911 et 1912 (voir plus loin in *Théâtralité du Procès*), et qui ne sera pas sans influencer notablement son œuvre écrite, dont *Le Procès*.

La ville de Prague elle-même est étrangement absente de ses écrits, comme *gommée de son espace romanesque,* même si son influence sur l'œuvre est indéniable. Comme le montre clairement Marthe Robert dans sa préface à la traduction du *Journal,* « le monde qui est celui de Kafka à Prague, dans ce petit coin d'Europe qu'on appelait la Bohème, *ce monde a bien le visage d'un ennemi puissant et insaisissable ; tel qu'il est, avec son ordre apparent et son désordre réel, avec ses lois informulées qui assurent au désordre même une certaine cohésion, avec sa neutralité hostile, il apparaît comme un obstacle majeur au changement que Kafka voulait accomplir en lui.* » (c'est nous qui soulignons)

« ennemi puissant et insaisissable — ordre apparent et désordre réel — lois informulées — neutralité hostile — obstacle majeur » : tous ces termes qui s'appliquent ici la ville de sa naissance ne pourraient-ils convenir à l'univers des récits kafkaïens, et plus précisément encore à celui du *Procès* ?

C'est que, pour sa traductrice, « Prague donne chaque jour à Kafka le spectacle d'une société où la proximité ne fait qu'aggraver la distance, où la séparation, fondée sur une loi tacite, est tacitement observée par tous, *comme si la ville elle-même était victime d'un charme*[1]. »

De la même façon, on aurait bien du mal à trouver, ici ou là dans l'œuvre, une référence précise à un artiste (littéraire ou non) qui soit contemporain de Kafka. Pour faire court, nous conclurons à une ***réelle inscription de l'œuvre de l'écrivain pragois dans la modernité de son siècle,*** même s'il demeure difficile de mesurer aujourd'hui l'influence directe de tel ou tel courant créatif ou de pensée sur son travail d'écrivain.

---

1. *Journal* – introduction (c'est nous qui soulignons).

La question du genre

Posons comme postulat que *Le Procès* a été ***rédigé par fragments***, dans un ordre ni franchement aléatoire ni non plus linéaire : les travaux récents de Pasley ou de Reuss, s'appuyant sur les manuscrits, en font foi (voir plus haut : *Genèse de l'Œuvre et problèmes liés à l'édition*) tandis que le *Journal* de l'année 1914 corrobore cette hypothèse. Considérons par ailleurs ***l'aspect inachevé*** de l'œuvre que la présence de fragments conforte, on ne peut que s'interroger sur l'appartenance de cet écrit à tel ou tel genre littéraire précis : roman ? conte ? récit ? longue nouvelle ? Cette question se pose d'ailleurs pour bon nombre d'écrits de Kafka, qu'ils aient été ou non publiés de son vivant, et il est remarquable de constater qu'aucune des diverses traductions ou éditions en langue française du *Procès* ne précise jamais l'appartenance à l'un de ces genres…

De la même façon, l'analyse des manuscrits laisse apparaître une ***rédaction en patchwork*** qui procède par juxtaposition, tandis que ce qu'on a coutume d'appeler « chapitres » correspond en fait à des liasses distinctes, portant chacune des annotations de la main de Kafka qui font plus penser aux ***didascalies*** des pièces de théâtre qu'à des têtes de chapitres : ainsi de « Arrestation – Dans la salle d'audience – l'Avocat, l'Industriel, le Peintre – Dans la Cathédrale… ». Tout se passe comme si l'auteur avait rassemblé ces fragments sous des appellations évoquant les lieux, les acteurs ou le « nœud de l'action » (« arrestation – renvoi de l'avocat ») qui fonctionnent comme repères spatio-temporels ayant pour rôle essentiel de guider — presque *a posteriori* — le lecteur de l'ensemble dans cette succession de « scènes » qui semble constituer *Le Procès*.

Le rapprochement de ce récit avec une œuvre de théâtre peut se poursuivre aisément si l'on admet que les personnages (à commencer par le premier, l'Accusé Joseph K.) ne sont désignés que par leur fonction (l'industriel, l'avocat, le peintre) et représente chacun non des *héros* — au sens où l'entend le roman — mais ***des « types », voire des prototypes*** : peu de descriptions de leur aspect physique, pas de caractères nettement définis... Tout juste pouvons-nous les rapprocher de ce que la convention nous suggère de *ce que doit être* un avocat, un juge, un garde ! si bien que qui lit attentivement le Procès peut se ressentir autant (sinon plus) ***spectateur*** que lecteur de l'œuvre.

Partant de là, il convient de s'intéresser à ce qui constitue la matière-même du Procès, à savoir ***la mise en scène d'une culpabilité,*** celle de Joseph K., dans une ville et à une époque indéterminées, ce qui nous renvoie encore une fois à la question du genre préalablement posée : si ce n'est pas un roman, est-ce pour autant un conte ou une parabole ? N'est-ce pas plutôt la ***mise en espace et en temps d'un drame humain à portée universelle ?*** Nous aurons à revenir sur cette question de toute évidence essentielle.

Venons-en maintenant aux éléments qui apparentent l'œuvre à une mise en scène de théâtre.

Deuxième partie

La théâtralité du *Procès*

Influence du théâtre yiddish sur Kafka

En 1911 arrive à Prague — Kafka a alors vingt-huit ans — une troupe de théâtre ambulante composée d'acteurs yiddish et ***dirigée par l'acteur Löwy à qui Kafka — qui suit avec assiduité les représentations de cette troupe pendant plus d'un an — voue un véritable culte***, comme le révèlent les pages de son *Journal* (1911, 1912). Jouant dans des conditions difficiles et dans des lieux sans gloire, tel le Café Savoy où ils subissent toutes sortes d'avanies de la part d'un public ignare et mal embouché, ces acteurs ont toutefois bouleversé Kafka par la spontanéité de leur jeu et par les liens profonds qui les unissent et à l'âme juive et à la langue yiddish ; l'écrivain a découvert en eux, nous dit Marthe Robert, « un art exemplaire accordé à la vie qui, inspiré à des juifs pour des juifs, trouve tout naturellement en lui-même sa mesure et sa vérité[1]. »

Mieux encore — et toujours selon Marthe Robert — Kafka s'est souvenu à plusieurs reprises dans ses écrits de ***personnages-types*** qui l'ont particulièrement frappé lors des représentations : ainsi de ces jumeaux, diaboliques et comiques à la fois, vauriens inséparables, présentés par Kafka lui-même dans son *Journal* comme des « domestiques de la communauté », des « fainéants notoires » qui « paraissent se jouer de tout le monde[2] » et que la traductrice du Journal croit repérer en maints endroits dans l'œuvre de l'écrivain pragois. Ainsi dans *Le Château* et dans *Amérique*, mais surtout dans *Le Procès* où elle les retrouve chez « les deux gardiens corrompus qui viennent arrêter Joseph K. et le couple de bourreaux surgis d'on ne sait quel théâtre [...] qui se chargent de l'exécuter[3]. »

---

1. Marthe Robert, *Seul comme Franz Kafka*, Calmann-Lévy 1979.
2. *Ibid.*
3. *Ibid.*

Et Marthe Robert de conclure que l'« on peut relever la prédilection de Kafka pour les attitudes théâtrales, les mimiques grotesquement appuyées, les répliques à la cantonade *qui font forcément ressortir l'isolement du héros*[1]… » : référons-nous pour cela au chapitre de l'arrestation, où aussi bien les deux gardes que les trois employés de banque grimaçants et pâlots semblent jouer le rôle des bouffons de la troupe de Löwy : « Qui êtes-vous donc ? Vous réclamez du sens et vous jouez la comédie la plus insensée qui soit. » dit Joseph K. à l'inspecteur venu l'arrêter ; « Ces messieurs ont commencé à faire intrusion chez moi, et voilà qu'à présent ils restent là, assis ou debout, et me font faire des acrobaties devant vous. »

> *« " Quoi ? " s'écria K. en regardant les trois hommes, éberlué. Ces personnages si insignifiants, si anémiques, si jeunes, qu'il se rappelait seulement en groupe […] étaient effectivement des employés de sa banque. »*

Il faut relire tout l'épisode de l'arrestation pour bien mesurer ce qu'ont de mécaniques les gestes et réactions des « bouffons » présents dans la pension Grubach, comme, par exemple, lorsque « tous à la queu leu leu » se précipitent dans sa chambre pour aller y chercher son chapeau oublié, dans une accélération digne du théâtre comique ou… du ***cinéma burlesque*** !

Inflation de didascalies

Les « scènes » qui composent successivement *Le Procès* fourmillent de notations qui ne sont pas sans rappeler les ***didascalies*** au théâtre. La seule scène de l'arrestation constitue un exemple probant, tous gestes, déplacements ou paroles échangées donnant lieu à ***des précisions qui rendraient aisée la tâche d'un***

1. Marthe Robert, *op. cit.*

metteur en scène désireux de faire jouer cette arrestation. Nous n'en citerons que quelques exemples, mais le même exercice de relevé s'avèrerait fructueux pour tout autre moment-clef du récit, telle l'exécution de K. au chapitre final :

> *« Ce serait bien la première fois, fit K. en sautant de son lit pour enfiler rapidement son pantalon. »*
> *« Dans la pièce voisine, où K. entra plus lentement qu'il ne le souhaitait… »*
> *« … et disparut en fermant la porte avec force précaution. »*
> *« Debout au milieu de la pièce avec ses papiers, l'œil encore rivé sur la porte qui ne se rouvrait pas… »*
> *« Ils secouèrent la tête. " Il faut que ce soit une veste noire ", firent-ils. »*

Sommes-nous alors dans un roman ? N'avons-nous pas plutôt affaire ici à une ***représentation*** où ne manquent ni acteurs ni spectateurs, ni entrées ni sorties de scène, K. et les protagonistes de l'arrestation déambulant d'une pièce à l'autre, se croisant, se bousculant, s'interpellant, tandis qu'un groupe de vieillards observe le tout depuis la fenêtre de l'immeuble d'en face, ce qui irrite K. qui les identifie d'emblée comme *spectateurs :* « K. devait mettre fin à cette exhibition » ; « Là-bas aussi, il y a des spectateurs, cria K. à l'inspecteur d'une voix forte, en pointant l'index vers l'extérieur. », tandis que les mots « exhibition, comédie, rôle » viennent spontanément à la bouche du principal acteur du « drame », procédé d'insistance de la part de Kafka, comme s'il redoutait que nous n'ayons pas compris !

Spectacle et spectateurs

L'ensemble des chapitres du *Procès* nous montre Joseph K. dans les lieux tantôt clos et souvent exigus (sa chambre, la mansarde du peintre), tantôt ouverts ou fermés mais de dimensions imprécises (la salle du Tribunal, la Cathédrale, le terrain vague de son exécution), et toujours ***regardé*** par un ou plusieurs personnages, présentés chaque fois ou presque par le narrateur comme des ***spectateurs*** ; ces derniers sont par ailleurs souvent comme « mis en cadre », par le biais de portes ou de fenêtres dont on ne soulignera jamais assez l'importance dans l'ensemble des pages du *Procès*.

Portes et fenêtres constituent toujours des seuils, infranchissables ou ouvrant sur un ailleurs dangereux pour K. : ainsi, au chapitre I, « la porte à double battants [...] déjà grande ouverte » de la chambre de Mademoiselle Bürstner où l'attend le commissaire ; ainsi des fenêtres de la maison d'en face — dans ce même chapitre — d'où l'observent des vieillards signalés par quatre fois, leurs apparitions ponctuant la scène : « ... il vit la vieille dame qui habitait en face de chez lui en train de l'observer avec une curiosité tout à fait inhabituelle. » – « À la fenêtre d'en face, les deux vieillards étaient de nouveau à leur poste ; mais le groupe s'était élargi... »

C'est que, ***de manière quasi diabolique***, **le spectateur** — d'abord unique — **se met à se multiplier**, pour former au final une sorte de *chœur antique* d'autant plus inquiétant qu'à la différence du vrai il est muet, et régi par des lois internes qui échappent à celui qui se sent observé.

« Ne regardez pas par là ! », s'écrie K. lorsque son collègue Kullich « montre du doigt la porte de la maison d'en face » : c'est dire que le regardé ne veut pas que l'on regarde le « regardeur » ! c'est dire aussi que l'accusé ne supporte pas le regard qui l'accuse... De même K. est *vu* par des dizaines d'yeux dans la salle du Tribunal, tandis que des regards s'échangent entre le juge sur l'estrade et des « spectateurs » de la salle, au grand dam de K. qui perçoit dans cette connivence un danger réel le menaçant :

> *« Lorsque K. s'interrompit et jeta un coup d'œil vers le juge d'instruction, il crut observer que celui-ci sans rien dire, faisait justement signe des yeux à quelqu'un dans la foule. K. sourit en disant : " À cet instant*

même, le juge d'instruction à côté de moi adresse un signe convenu à l'un d'entre vous[1] *".* »

Spectateurs qui se multiplient, regards qui se liguent contre lui ou qui le cernent sans qu'il puisse leur échapper : pensons aux petites filles qui, dès son entrée dans l'immeuble de Titorelli, poursuivent K. et le scrutent, y compris à travers les lattes de la cloison, ce dont se souviendra avec insistance Orson Welles dans sa prodigieuse transposition filmique de la scène.

Omniprésence du regard, positionnement extrêmement précis des protagonistes par le truchement de portes et de fenêtres qui sont autant de ***cadres*** inquiétants, jeu permanent de ***passages*** d'un lieu à l'autre : plus encore qu'au théâtre, ces détails insistants renvoient à cet art majeur visuel qu'est ***le cinéma ;*** de cela aussi, Welles se souviendra, qui opérera un travail minutieux de ***cadrage***, mais aussi de « cadres dans le cadre », et multipliera les ouvertures et passages en tous genres, y compris la symbolique « Porte de la Loi » qui sert de prélude à son film.

Jeux d'ombre(s) et de lumière(s)

Dans la même perspective d'un rapprochement du récit écrit et du traitement de l'image au cinéma, on s'imposera une analyse minutieuse des notations de lumière et d'ombre, c'est-à-dire ***d'éclairage du décor***, essentiel ici.

Le livre de Kafka fonctionne de toute évidence en noir et blanc, peu de couleurs y étant mentionnées, ou si discrètement qu'elles pourraient passer inaperçues, tel ce « tapis jaune » du tableau représentant un juge dans le bureau de l'Avocat[2] ou la « lumière verte de sa lampe » que promène K. — encore sur un tableau —

1. *Dans la salle d'audience.*
2. Chapitre 6 – *L'oncle, Léni.*

dans la Cathédrale[1]. Ce qui abonde, par contre, ce sont les précisions quant à la lumière et plus encore à l'obscurité qui occupe de manière récurrente les lieux de l'action :

« ... la lumière terne du jour rendait blanchâtre et éblouissante cette atmosphère enfumée[2]*. » – « ... le clair de lune qui n'éclairait vivement q'un petit rectangle de plancher sous chacune des deux fenêtres*[3] *» – « ... mais le brouillard empêchait de voir au-delà du toit enneigé de l'immeuble voisin. »*

Quant à la visite de K. dans la Cathédrale, elle « baigne » avant tout dans l'obscurité, tandis que lampes, cierges et autres lumières y jouent un rôle prépondérant, aussi bien pour signifier une atmosphère trouble et pesante que pour souligner la portée symbolique du lieu de culte qu'est cette église, par vocation :

« Il se mit à faire si sombre qu'en levant les yeux, il put à peine distinguer un détail dans le bas-côté tout proche. » – « K. vit, non loin de lui, un grand cierge fixé sur un pilier qui brûlait également. C'était très beau, mais tout à fait insuffisant pour éclairer les retables dont la plupart étaient accrochés au-dessus des autels, dans les ténèbres ; l'obscurité s'en trouvait renforcée. » – « Du reste, K. n'aurait sans doute pas remarqué cette petite chaire, si une lampe, comme celle qu'on allume d'habitude juste avant un sermon, n'avait été accrochée en haut[4]*. »*

Ces notations pourraient passer pour de simples repères de « mise en scène », des précisions concernant le décor, mais ici elles revêtent une tout autre signification sur laquelle il conviendrait de s'interroger : ainsi, lorsque Kafka note « On était gêné par la lueur vacillante de la lampe du Saint-Sacrement », nul doute que ce détail n'est pas seulement lié à l'éclairage de la scène mais renvoie implicitement à une religion — la catholique — qui n'est pas celle de l'auteur, qui est peut-être celle de Joseph K. (que l'on

1. Chapitre 9 – *Dans la Cathédrale* (c'est nous qui soulignons).
2. Chapitre 3 – *Interrogatoire.*
3. Chapitre 9 – *Dans la Cathédrale* (c'est nous qui soulignons).
4. Chapitre 9 – *Dans la Cathédrale* (c'est nous qui soulignons).

voit plus loin se signer !) mais qui provoque en lui un réel malaise, et pas seulement de type « oculaire » !

> *« Et s'il avait été un* étranger, *qui voulait simplement visiter l'église ?* Au fond, il n'était rien d'autre[1]. »

Lieu de l'explication — par le *prêcheur* — d'une partie non négligeable du sens de son *procès* pour Joseph K., ***la Cathédrale n'en demeure pas moins un lieu opaque, oppressant, ambigu comme la « révélation » elle-même*** et permet au récit de reposer sur un troublant jeu de contrastes ombre / lumière à portée hautement symbolique et qui a beaucoup à voir avec l'effrayante étrangeté du lieu… et de l'intrigue.

Acteurs et personnages

Cette *scène de théâtre* n'aurait ni réalité fonctionnelle ni légitimité romanesque si elle n'était pas le lieu où se croisent et s'interpellent des personnages, et ***ce serait réduire considérablement la lecture du Procès que de la limiter à un seul repérage formel*** des décors, jeux de lumière, notations scéniques, entrées et sorties des « acteurs » dans des espaces ouverts ou fermés, communiquant ou non entre eux par des *seuils* qui sont autant de *passages.*

Le livre de Kafka ***fonctionne*** bien entendu d'abord ***comme un roman***, avec intrigue et personnages, et c'est sur ces derniers que nous devons nous pencher à présent, avant d'interroger ce qui constitue le fondement même du « drame » qui s'y joue : la mise en culpabilité d'un homme par un Tribunal invisible mais omniprésent.

Les personnages du *Procès* se distribuent tout au long du récit en ***groupes distincts***, même si plusieurs d'entre eux semblent appartenir à la fois à « la vie civile » et au Tribunal :

---

1. Chapitre 9 – *Dans la Cathédrale* (c'est nous qui soulignons).

– personnages appartenant à l'entourage de Joseph K.,
– membres avoués ou supposés du Tribunal,
– Joseph K., l'accusé, lui-même.

Un sort particulier devra être fait aux diverses ***femmes du récit***, appartenant à l'une ou l'autre des catégories distinguées ci-dessus, mais dont le rôle prépondérant et ambigu mériterait une analyse précise.

À l'entourage direct de Joseph K. appartiennent aussi bien sa logeuse, **Madame Grubach**, que sa voisine, **Mademoiselle Bürstner** (ainsi que l'amie de celle-ci ou le capitaine, nommé mais jamais vu réellement) que **ses collègues de bureau** (sous-directeur et employés subalternes qui participent à son arrestation) : ils constituent ce qu'il convient d'appeler ***l'entourage de K.***, auquel il faut ajouter son **oncle**, ainsi qu'une amie nommée **Elsa** à laquelle K. semble rendre épisodiquement visite (chapitre 6), mais tous deux interviennent assez peu dans le récit.

Plus importants en nombre et en poids paraissent être ***les membres directs ou associés du Tribunal***, car, comme les spectateurs du chapitre I, ils se multiplient de façon maléfique au fil des pages, prouvant ainsi que ***le Tribunal est partout.***

Partout et dissimulé, omnipotent mais muet, accusant sans preuve et sans révéler ses intentions et motifs au « prévenu » :

> *« Car en général la procédure est tenue secrète non seulement vis à vis du public, mais aussi de l'accusé »* lit-on au chapitre 7, *tandis que « les documents conservés au tribunal, et surtout l'acte d'accusation, sont inaccessibles à l'accusé et à sa défense. »*

N'importe : le Tribunal est partout, et les lieux eux-mêmes peuvent à tout moment se transformer en salle des greffes ou d'instance, passant de cuisine ou grenier à lieux de jugement (chapitre 4 et 7), tandis que K. et le lecteur, effarés, apprennent que ses membres sont multiples et dissimulés sous des apparences banales : femme d'huissier ou petites filles perverses (chapitres 4 et 7) ou artiste peintre. Ce dernier ne dit-il pas à K : « Ces fillettes aussi appartiennent au tribunal », amenant ensuite K. à cette vérité imparable et inquiétante à la fois : « *Vous n'avez pas encore l'air d'avoir une vision d'ensemble du tribunal*[1]. » ?

Au tribunal appartiennent également les **gardes** et le **commissaire** venus procéder à l'arrestation de K. (chapitre 1), l'huissier (chapitre 5), **le peintre** (chapitre 7), et sans doute aussi **le *prêcheur de la cathédrale*** (chapitre 9) dont le discours prouve à lui seul qu'il en sait beaucoup sur ce Tribunal et sur cette Loi qui accusent K.

Au Tribunal enfin se rattachent **les exécuteurs de K.** (chapitre « FIN ») présentés comme « deux messieurs » « en redingote, pâles et gras, portant des hauts-de-forme qui semblaient inamovibles », jumeaux inquiétants qui ne sont pas sans évoquer les deux gardes de l'arrestation et qui sont eux-aussi dénoncés par K. comme des *acteurs* de cette *macabre comédie* :

> *« On m'envoie de vieux acteurs de second ordre », dit K., et de leur demander : « Dans quel théâtre jouez-vous ? », quelques minutes à peine avant d'être exécuté par eux…*

Plus opérante encore paraît la répartition des protagonistes de l'intrigue en fonction de leur positionnement stratégique vis à vis de K. : ***il y a visiblement ceux qui l'aident et ceux qui l'accablent,*** les personnages soucieux de son sort (Mme Grubach, Mlle Bürnster, l'oncle) et ceux qui *jouent le jeu* du Tribunal, où qu'ils se trouvent et quelle que soit l'apparence qu'ils prennent aux yeux de K. !

Répartissons-les comme suit, en utilisant la terminologie du schéma actanciel :

- les « adjuvants » : parmi eux on peut classer logeuse, voisine de pension, oncle, voire aussi femme d'huissier, Elsa et Leni,
- les « opposants » : on doit compter dans leurs rangs tous les personnels venus arrêter ou exécuter Joseph K., les commissaires, fouetteurs, greffiers, huissiers, juges d'instance qui croisent et apostrophent K. ici et là au fil des pages. Quant au

1. Chapitre 7- *L'avocat, l'industriel, le peintre.*

prêcheur de la Cathédrale, il appartient (et peut-être avec lui le bedeau boiteux ?) à cette *institution suprême* qui accuse K. au travers des vérités aussi énigmatiques qu'irréfutables qu'il lui assène.

Au même clan de l'accusation appartiennent les petites-filles et le peintre Titorelli (chapitre 7), ainsi que, pourquoi pas ? ***l'avocat de K. lui-même***, dont les paroles et le rôle troubles laissent imaginer une longue complicité avec l'instance accusatrice...

Tout se passe comme si, comme le dit G. A Goldschmidt dans sa préface à l'édition du *Procès* (collection *Pocket*), dans ce récit *« ... le tribunal est partout où K. va, et K. va partout où est le tribunal. »*

Il existerait donc une ***conjuration générale***, qui à la fois précède et engendre la faute, puis ***la déplace avec le fautif***, entraînant ainsi une omniprésence cauchemardesque de l'accusation, laquelle atteint toujours K., quelle que soit la situation spatio-temporelle de ce dernier. Et une sorte d'obstination de K. (constitutive aussi de sa « faute ») qui ***se condamne lui-même*** à rencontrer, sans cesse et partout, le Tribunal ! Nous y reviendrons.

Le « personnage » de K

Il mériterait à lui seul une analyse fouillée qui mettrait en valeur ses caractéristiques premières : sorte de ***personnage en creux***, Joseph K. — qui n'a qu'un prénom et une initiale qui interroge le lecteur de l'œuvre tout entière (il revient dans d'autres récits) comme les biographes de l'auteur (ce K. est-il un peu /beaucoup le K. initial de Kafka ?) — n'est ni décrit physiquement avec précision, ni présenté avec netteté dans ses spécificités psychologiques ou de caractère ; tout juste peut-on le situer socialement (employé de bureau plutôt placé en haut de la hiérarchie, car il a un chef et des subalternes) et le deviner habillé comme un employé de banque pragois du début du vingtième siècle (voir la scène de l'arrestation au chapitre I). On peut également jouer à retrouver — à travers ses réactions, ses attitudes et ses paroles — tel ou tel trait de caractère : méfiance, sens de l'humour, distanciation méprisante vis à vis des subalternes et couardise devant son chef, tendance à la suspicion et obsession du complot (mais qui, dans sa « situation », n'aurait pas cette attitude ?)... Il faudrait y ajouter **une certaine passivité vis à vis des femmes** qui ont presque toutes tendance à l'entraîner, à le séduire, à lui faire perdre pied en l'amenant à basculer vers un *ailleurs érotique*, au moment précis où il lui faudrait s'occuper au mieux de son procès (Chapitres 4, 6 et 7 : voir l'attitude de Leni et de la femme de l'huissier). Mais il peut aussi se montrer entreprenant en imposant à sa voisine Mademoiselle Bürstner une très efficace étreinte (chapitre 2) : « Il l'attira contre lui, l'embrassa sur la bouche puis sur tout le visage, comme un animal altéré lape l'eau d'une source enfin découverte. »

Comme le lui fait remarquer l'ecclésiastique dans la Cathédrale (chap. 9) : « Tu cherches trop d'aide au-dehors [...] surtout auprès des femmes. Ne vois-tu donc pas que là n'est pas le vrai secours ? », à quoi K. répond par cette affirmation énigmatique :

> *« Les femmes ont un grand pouvoir. Si je pouvais inciter deux ou trois femmes que je connais à travailler pour moi, j'aurais forcément gain de cause. »*

On ne saurait en tirer quoi que ce soit de précis quant à la position de K. vis à vis de la femme *en général* ni en faire un « machiste » invétéré, sans tirer excessivement le texte à soi. Il en va ainsi pour l'ensemble des réactions de K. qui laissent le lecteur incertain sur ce personnage somme toute contradictoire et en fin de compte ***mal défini, donc difficile à cerner***.

Comme le fait justement remarquer Marthe Robert : « À la différence de toutes les figures romanesques connues, le personnage typique de Kafka — disons K., pour simplifier — est *dépourvu de toute espèce d'attrait*, aussi bien il n'est pas fait pour intéresser, il ne se distingue ni par un caractère attachant, ni par une psychologie subtile, ni par l'art de faire vivre passions et idées, bien plus, *tout cela lui est délibérément ôté*[1]. »

Il y aurait enfin beaucoup à dire quant à ***son intelligence*** — qui est grande : voyez comme il discute, raisonne, fait jouer à fond la logique selon une rhétorique de type juridique face au commissaire venu l'arrêter au chapitre 1 — et à ***une forme de naïveté*** un peu puérile qui en fait le jouet des personnages rencontrés (notamment ceux qui appartiennent au Tribunal, Titorelli, l'avocat, le fouetteur... ainsi que toutes les femmes qu'il croise sur son chemin), ce qui provoque chez lui des malaises physiques à répétition (étouffement, claustrophobie, sentiment d'être espionné...) :

> *« Comment puis-je aller à la banque, si je suis en état d'arrestation ? [...] Alors ce n'est pas bien méchant d'être en état d'arrestation [...] Mais alors, il ne semble même pas vraiment nécessaire de m'avoir informé de mon arrestation. »* (chapitre 1)

> *« Vous devez avoir très chaud — Oui, fit K. ; toute son attention s'était concentrée sur les explications du peintre, mais maintenant qu'on lui rappelait la chaleur qu'il faisait, la sueur se mit à perler sur son front. " C'est presque insupportable. " Le peintre acquiesça avec l'air de comprendre fort bien le malaise de K. »* (chapitre 7)

Temps de l'action et évolution de la Faute

Si elle est — comme nous venons de le montrer plus haut — nettement située dans l'espace, l'action du « drame » qui se joue autour de Joseph K. fait aussi l'objet ***d'une inscription précise dans le temps***. Mois, saisons, horaires... les notations de temps ponctuent le récit comme autant de didascalies temporelles qui permettent de situer l'action. Ainsi apprenons-nous que K. est

1. *Seul comme Franz Kafka*, *op. cit.* (c'est nous qui soulignons).

« arrêté un matin » vers huit heures (chapitre I, première page) ; il est à nouveau arrêté pour être exécuté « la veille de son trente et unième anniversaire — il était environ neuf heures du soir » (chapitre « Fin ») : un an s'est donc écoulé entre **son arrestation et la sentence exécutoire** (au chapitre un, il dit au commissaire : « … quand on a passé trente années sur cette terre… ») ! Entre les deux, chaque chapitre aura fourni des précisions quant au déroulement de l'action dans le temps et dans l'espace.

Pour rendre compte de cette inscription du récit dans le temps, nous nous limiterons à des relevés concernant uniquement les têtes de chapitres, lesquelles montrent que Kafka a cherché à situer tout du long son récit dans le temps sans être pour autant toujours d'une extrême précision, mais assez pourtant *pour que le lecteur s'y retrouve :*

> « *Il fut arrêté un matin* (chapitre 1) – *Ce printemps* (chap. 2) – *Le dimanche suivant* (chap. 3) – *Chaque jour de la semaine suivante… le dimanche* (chap. 4) – *À quelques soirées de là* (chap. 5) – *Un après-midi* (chap. 6) – *Par une matinée d'hiver* (chap. 7) – *Finalement… il était déjà dix heures passées* (chap. 8) – *C'est par une matinée de tempête* (chap. 9) – *La veille de son trente et unième anniversaire* (chap. 10) »

On constate que si le texte a été écrit *successivement et par morceaux*, comme nous l'avons montré plus haut (voir « genèse de l'œuvre ») l'auteur est parvenu à donner à l'ensemble ***une cohérence temporelle*** et son récit fonctionne de manière plutôt conventionnelle quant à son inscription dans le temps, si bien qu'à la première lecture on n'est guère désarçonné : ce n'est visiblement pas la gestion du temps qui désoriente et rend son récit étrange et proche du fantastique ou du rêve/ cauchemar : il s'agit donc d'autre chose qu'il reste à déterminer…

Troisième partie

Faute de K. et présence de la Loi

La faute de Joseph K.

L'approche — même succincte — du caractère du personnage principal Joseph K. (voir plus haut : acteurs et personnages) montre bien qu'il n'y a guère d'évolution du personnage au travers des épreuves qu'il rencontre. Tout juste peut-on parler de ***dépersonnalisation progressive*** de K. que l'accusation fragilise de plus en plus jusqu'à provoquer en lui malaises physiques et perte de repères spatio-temporels, jusqu'à l'acceptation totale de la sentence de mort — jamais formulée — qui se termine par son exécution au chapitre final.

Entre les deux (de l'arrestation à l'exécution) se met en place ce que l'on pourrait nommer ***l'évolution de la faute*** de K., évolution d'autant plus effrayante pour lui comme pour le lecteur qu'elle ne repose **sur aucun délit précis** et qu'elle restera informulée. K. est ***déclaré*** coupable ; on intente un procès à K. ; on l'arrête (sans l'arrêter vraiment), on le convoque (sans lieu précis ni horaire), on l'arrête à nouveau et on l'exécute sans explication. Jamais il n'y aura eu formulation de l'acte d'accusation, plaidoirie de la défense, sentence prononcée, toutes étapes habituelles d'un « procès »…

C'est que ce procès-là n'est pas « habituel » !

Il se déroule hors du temps et de l'espace, parce qu'il se déroule ***partout et tout le temps*** et que la trame du récit épouse la marche inéluctable, non de K. lui-même mais de l'« affaire » qui le condamne, ***par engrenage***, dès le début. La mise en scène de cette culpabilité prend place dans un univers procédurier « général » qui épouse l'espace-même de la vie du héros condamné : chambre, bureau, rues et monuments de la ville, terrain vague de son exécution… Tout ramène le lecteur à une certitude, s'il en existe une seule dans ce récit cauchemardesque aux repères diffus : K. est coupable parce qu'il est K., K. est ***coupable parce qu'il EST*** ! si bien qu'on est tenté de faire de ce texte une

parabole de l'existence humaine, qu'on se réfère pour cela à l'idée biblique de « pêché originel » ou au sentiment de culpabilité (très fort chez l'auteur et évoqué plus haut : *aspects autobiographiques de l'œuvre*) lié à son appartenance à la communauté juive comme à son rapport conflictuel à son père ; nous avons déjà signalé toutefois les dangers d'une assimilation trop rapide entre Joseph K. et son créateur en ce domaine et nous la réitérons ici par prudence.

La Loi

C'est pourtant à l'idée d'une Loi Suprême — à laquelle se réfère tout le discours de l'ecclésiastique au chapitre 9, mais **jamais le nom de Dieu n'est cité !** — que nous renvoient et l'auteur et son texte. S'y ajoute la notion de « porte de la Loi » au travers d'une fable qui a tout de la parabole et qui semble vouloir donner à K. comme au lecteur la « clef » de lecture de ce qui lui arrive. K. est condamné parce qu'il n'a pas compris qu'il existait une porte pour lui seul et parce qu'il n'a su ni se présenter à temps devant cette porte ni la franchir. Sur quoi ouvre-t-elle ? Est-ce celle du « Salut » ou celle de la mort, comme le laisse à penser l'exécution qui fait directement suite à cette « révélation » dans la cathédrale ? On ne peut qu'en rester aux conjectures, tant il est vrai que la lecture du récit tout entier comme de la parabole finale laisse le lecteur dans l'expectative. Y voit-on plus clair après les paroles prononcées sentencieusement dans la cathédrale ? N'est-ce pas parce que le Juge qui a dicté la sentence n'est pas identifiable que K. accepte si facilement sa propre mort ? Son « destin » aura donc été de naître, de vivre (peu : trente années), puis de mourir « comme un chien » sans avoir compris pourquoi ! Et si c'était son manque de foi en un au-delà de la mort qui condamnait K. plus que tout le reste ?

Cette ***solitude devant la non-réponse au pourquoi de l'existence et de la mort***, c'est celle de K., mais c'est celle aussi de tous ceux qui, comme lui, se sont laissé berner par le réel et n'ont pas cherché au-delà du concret une raison « supérieure » d'exister. Si « philosopher, c'est apprendre à mourir[1] », alors K. a manqué sa vie et son acceptation de la sentence de mort en fait le frère de ceux qui, parmi les humains, subissent leur vie comme leur mort, et ils sont nombreux…

Maurice Blanchot interroge brillamment l'œuvre de Kafka dans son rapport à la mort[2] et Kafka lui-même écrit sa fascination non pour la mort elle-même mais pour ***sa mise en écriture*** à travers celle des personnages qu'il crée :

« Le meilleur de ce que j'ai écrit se fonde sur cette aptitude à mourir content » affirme Kafka dans son *Journal* ; « Dans tous ces bons passages, fortement convaincants, il s'agit toujours de quelqu'un qui meurt et qui le trouve très dur et y voit une imposture… » ; et d'ajouter : « … de telles descriptions sont secrètement un jeu, *je me réjouis même de mourir dans le mourant*[3]… »

Quant à Blanchot, il en conclut que « Dans tous ses récits, ceux qui meurent, meurent en quelques mots rapides et silencieux. Cela confirme la pensée que non seulement quand ils meurent, mais apparemment quand ils vivent, c'est dans l'espace de la mort que les héros de Kafka accomplissent leurs démarches, *c'est au temps indéfini du " mourir " qu'ils appartiennent*[4]. »

Joseph K., comme d'autres personnages de Kafka, a donc été mené par son créateur, de la première à la dernière page, vers le lieu de son ***effacement***. En cela déjà, l'œuvre est « moderne » car intemporelle et prend une dimension métaphysique (ou existentielle ?) qui, si elle n'est pas la seule que l'on puise attribuer à ce récit, ne saurait lui être totalement refusée.

1. Cf. Montaigne, *Essais*, I, XIX.
2. *De Kafka à Kafka*, « La mort contente » (p. 132 à 136).
3. *Journal*, 13 décembre 1914 (c'est nous qui soulignons).
4. *De kafka à Kafka, op. cit.* (c'est nous qui soulignons).

On pourrait, pour conclure, admettre que le récit de Kafka fonctionne comme ***la mise en scène cauchemardesque d'une culpabilité existentielle de ce drame universel que constitue « l'humaine condition »***. On sait que Kafka connaissait et appréciait *les Pensées* de Pascal dont on pourrait discerner un magistral ***écho*** dans *le Procès*...

S'il était besoin de prouver la dimension universelle de la culpabilité qui atteint K. dans *le Procès*, il suffirait de procéder à des relevés, ici et là dans l'œuvre, et à remplacer certains termes — tribunal, juge, haut tribunal — par « Dieu » pour obtenir un *début d'explication* à son message au demeurant énigmatique. Ainsi :

> « ... *ce qui m'est arrivé n'est qu'un cas isolé, sans grande importance à ce titre [...] mais révélateur d'une procédure utilisée à l'encontre d'une multitude de gens. Ce sont eux que je défends ici, non moi-même.* » (chap. 3)

> « ... *que le verdict tombe à l'improviste et qu'il est prononcé à un moment arbitraire, par une personne arbitraire...* » (chap. 8)

> « *Mais je ne suis pas coupable, dit K. C'est une erreur. Comment un homme peut-il être coupable ? Nous sommes tous des êtres humains ici, l'un comme l'autre – C'est vrai, dit l'ecclésiastique, mais c'est ce que disent tous les coupables.* » (chap. 9)

> « *Le tribunal n'attend rien de toi. Il te reçoit quand tu viens et il te laisse partir quand tu t'en vas.* » (chap. 9)

Et, au moment de mourir, la dernière interrogation de K. sera la suivante : « Où était le juge qu'il n'avait jamais vu ? Où était le haut tribunal auquel il n'avait jamais accédé ? » (chap. 10)

C'est précisément sur l'image de la « solitude de l'homme sans Dieu » que s'achève le livre, et sur la ***déshumanisation du « coupable »***, ce « chien » à qui la honte risque de survivre.

En guise de bilan

Autres lectures possibles de l'œuvre

On pourrait — et d'autres l'ont fait — proposer des grilles de lecture multiples pour cette ***œuvre polyphonique dans son message-même*** : psychanalytique, philosophique, politique, religieuse, voire même talmudique... Très récemment, un ouvrage est paru qui analyse *Le Procès* et d'autres récits majeurs de Kafka sous un angle politique[1].

Par ailleurs, l'œuvre de Kafka, et particulièrement son *Procès*, a fait l'objet de suspicion allant jusqu'à son interdiction, tant lors de la période nazie que dans la Tchécoslovaquie « socialiste » et dans les pays du Bloc soviétique ; les dirigeants politiques y ont vu une dénonciation (mais alors *a priori*, vue sa date de conception !) de l'oppression de l'individu par un Parti ou par une conception « communautaire » (de type soviétique) qui voyait dans la défense de l'individualisme un dangereux ***germe subversif***.

On lira à ce sujet avec profit l'article de Jean Montalbetti, « Kafka le pragois[2] », où ce dernier analyse les diverses phases de « rejets » qu'a connues son œuvre, tant après sa mort en 1924 que dans les années 33 à 44 où « cet auteur décadent devait être brûlé », tandis qu'en pleine Guerre Froide il était de nouveau mis à l'index ; ainsi Montalbetti cite-t-il Edouard Goldstücker, universitaire tchèque, qui a réhabilité l'écrivain en 1963 et qui précise :

> *« Entre 1948 et 1957, aucun livre de Kafka n'a été publié, ni aucune critique sur son œuvre. On a considéré Kafka comme un prototype de la décadence destructrice, spécialement auprès de la jeunesse [...] Vous ne devez pas oublier que pendant les années de guerre froide Kafka a été utilisé contre l'Union Soviétique et les démocraties populaires en étant*

---

1. *Franz Kafka, rêveur insoumis*, Michael Löwy, Stock, 2004.
2. Numéro 198 du *Magazine littéraire* consacré à Kafka.

présenté comme le prophète qui avait prédit et décrit la bureaucratie du monde stalinien. »

Ces diverses « récupérations » de l'œuvre du grand écrivain pragois doivent nous inciter à la plus grande prudence quant aux interprétations que l'on pourrait être tenté d'en donner.

Aucune interprétation, on le voit, ne peut rendre compte ni avec exactitude ni de manière exhaustive de ***ce qu'a voulu dire Kafka en écrivant Le Procès.***

Il reste que chaque nouvelle lecture de ce texte laisse entrevoir ***des clefs de lecture diverses*** et que ce livre — ne serait-ce que parce qu'il demeure extrêmement ***lisible partout et à toutes les époques*** — présente les dimensions incontestables du chef-d'œuvre, tandis que toute tentative d'interprétation pointue de ce qu'il pourrait signifier en réduirait incontestablement la portée…

Le présent travail n'entendait donc que suggérer des pistes d'approche, sans pour autant tenter d'en épuiser aucune.

La transposition à l'écran, à la fois extrêmement libre et riche qu'a effectuée Orson Welles en 1962, va bien dans le sens de ***cette dimension d'ouverture interprétative de cette œuvre majeure que demeure*** **Le Procès.**

Les deux « procès »

Tableau de comparaison du déroulement du récit dans les deux œuvres[1]

Le Procès de Franz Kafka (1925)	*Le Procès* d'Orson Welles (1963)
	Générique de début : équipe technique et administrative **(00 mn 28 s)**[2]
	1- Prologue : Devant la Loi (01 mn 29 s) Une voix off raconte la parabole de la Loi sur des dessins à l'écran d'épingles.
Chap. 1 – Arrestation (16 pages) : À son réveil dans sa chambre de la pension Grubach, le cadre supérieur de banque Joseph K. apprend, par deux gardes et un commissaire, qu'il est arrêté mais demeure libre de ses mouvements ; il se rend en voiture à sa banque, accompagné par trois employés et sous le regard des voisins de la maison d'en face.	**2- L'inculpation de Joseph K (04 mn 13 s)** K. est réveillé par un inspecteur qui le harcèle de questions. Il est accompagné de deux policiers qui veulent réquisitionner les chemises de K. L'inspecteur notifie à K. son arrestation sans en donner le motif.

1. **Pour le roman de Kafka**, on prend appui sur la traduction de Axel Nesme, édition préfacée et annotée par Brigitte Vergne-Cain et Gérard Rudent, Le Livre de Poche n° 15015, 2001. **Pour le film d'Orson Welles**, la version de 1963 (114 minutes) est la référence, éditée en DVD par *Studio Canal Classique*. En effet la version de 1984 (proposée aussi par le DVD) a amputé le film de son prologue, *Devant la loi*. Cependant, on ira voir la version de 1984 pour la fin du film : alors que la version de 1963 s'achève sur le plan fixe du nuage de fumée dû aux explosions de dynamite (sur lequel s'inscrivent les mentions du générique), la version de 1984 s'achève, elle, sur le dernier tableau de *Devant la Loi*. Ce « bouclage » du film par un retour sur le prologue renvoie au mystère de la légende qui structure le film. Le découpage s'appuie sur le chapitrage proposé par l'édition DVD. Il permettra ainsi une circulation plus aisée à l'intérieur du film. On utilisera toutefois la dénomination « séquence » car le « chapitre » ne correspond pas vraiment à cette notion cinématographique, dans le seul but de différencier roman et film.
2. À noter que la version de 1963 s'ouvre par le déroulant d'un extrait de la critique du journaliste Louis Chauvet parue dans *Le Figaro*.

	3- Insinuations (11 mn 08 s) Mme Grubach, logeuse de K. est troublée par ce qui arrive à son locataire. Elle dénigre Mlle Bürstner, fille de « petite vertu », ce qui agace K.
Chap. 2 – Conversation avec Mme Grubach (13 pages) : K. rend visite à sa logeuse et évoque avec elle les circonstances de son arrestation ainsi que les habitudes de sa voisine de pension, Melle Bürstner ; cette dernière rentre à le pension, s'entretient avec K. qui l'embrasse furtivement.	**4- Mlle Bürstner (18 mn 10 s)** K. parle du sentiment de culpabilité qu'il traîne depuis l'enfance à Mlle Bürstner. Elle est plus attentive quand K. lui raconte son inculpation.
	5- La banque (25 mn 33 s) K. cache un carton dans un débarras de la banque et surpris par la directeur lui explique que c'est un gâteau d'anniversaire pour sa voisine. Irmie, la cousine de K, veut lui parler. Le directeur invite K. à ne pas compromettre son avenir professionnel.
	6- Miss Pittl et sa malle (27 mn 51 s) Alors qu'il rentre chez lui, K. croise Miss Pittl qui tire une malle. K. veut l'aider. Elle finit par lui apprendre que Mlle Bürstner a été mise à la porte. K. se sent responsable.
Chap. 3 – Premier interrogatoire (17 pages) : K. est convoqué au tribunal par téléphone et s'y rend le dimanche suivant ; une assemblée s'y trouve et K. prend la parole, tandis qu'un juge d'instruction, sur l'estrade, fait signe à certains membres de l'assemblée.	**7- Première convocation (31 mn 44 s)** Dans un théâtre bondé, K. reçoit un petit papier. Il sort et rejoint l'inspecteur qui l'attend dans les coulisses. Il remet à K. une convocation pour un interrogatoire immédiat. Il traverse une place : au pied d'une statue voilée, des gens âgés, torse nu, avec une pancarte autour du cou, attendent.

Chap. 4 – Dans la salle d'audience déserte - l'étudiant - le bureau du greffe (25 pages) : K. se rend de nouveau « à la même heure et au même endroit » au tribunal ; il y rencontre la femme d'un huissier et s'entretient avec elle de son procès ; le femme lui fait des avances, puis un étudiant en droit s'empare d'elle. K. pénètre ensuite dans un bureau où officient des fonctionnaires : il y rencontre une jeune fille et le « préposé aux renseignements ». Pris d'un malaise, il quitte les lieux.	**8- Le tribunal (35 mn 19 s)** Au premier étage d'un immeuble, K. rencontre une femme (Hilda) qui lave du linge. Elle lui désigne une porte. La salle est comble. Un petit garçon guide K. vers l'estrade. Il dénonce l'absurdité de son procès. Hilda surgit et se débat dans les bras d'un homme qui l'embrasse. Au moment où K. sort, le magistrat lui fait remarquer qu'il compromet ses chances.
Chap. 5 – Le fouetteur (7 pages) : K. entend des bruits suspects venus d'un débarras près de son bureau et y découvre un homme en train de fouetter deux individus qui s 'avèrent être les gardes venus l'arrêter auparavant ; ceux-ci demandent à K. d'intervenir en leur faveur, mais il se dérobe. La même scène se reproduit « le lendemain encore » lorsqu'il ouvre à nouveau la porte du cagibi.	**9- Le débarras aux tortures (38 mn 38 s)** De retour à sa banque, K. est attiré par un bruit étouffé venant du débarras. Il y retrouve les deux policiers accusés du vol de ses chemises en train de se faire fouetter par un supérieur. Apitoyé, K. tente de soudoyer le supérieur qui refuse.
Chap. 6 – L'oncle - Leni (22 pages) : Karl, oncle de K., lui rend visite à son travail et évoque le procès de son neveu qui l'inquiète grandement ; il entraîne K. chez un avocat ; l'infirmière de ce dernier leur ouvre la porte et s'arrange pour que K. la rejoigne dans la pièce adjacente où elle l'attire contre elle et lui montre son infirmité (doigts palmés). K. rejoint l'avocat et l'oncle et quitte les lieux.	**10- L'oncle Max (42 mn 12 s)** L'oncle de K. vient le voir à son bureau : il est au courant de l'arrestation de son neveu ; il lui reproche de ne pas se soucier de la réputation de la famille. Des cris le ramènent au débarras ; il y retrouve les policiers qui se mettent du sparadrap sur la bouche. **11- Maître Albert Hastler (47 mn 46 s)** Leni, l'infirmière de l'avocat fait entrer K. et son oncle. Hastler est alité. Il est déjà au courant de l'affaire. L'avocat demande à Leni de les laisser. Alors que l'oncle, l'avocat et le greffier de la Cour (qui visitait lui aussi l'avocat) parlent de la procédure, un bruit de verre brisé attire K. dans une autre pièce.

Chap. 7 – L'avocat, l'industriel, le peintre (51 pages) :

K. se rend régulièrement chez l'avocat pour parler de l'absurdité des procédures de son procès ; seule la présence de Leni le console de ces visites. À son bureau, K. reçoit deux « messieurs », dont un industriel qui connaît son procès et lui donne une lettre de recommandation pour un certain peintre, Titorelli. K. se rend aussitôt en voiture chez ce dernier qui habite « à l'autre bout de la ville » et s'entretient longuement avec lui, tandis que des petites-filles le scrutent et le harcèlent.

12- Leni (52 mn 33 s)

Leni a cassé une vitre pour attirer K. Elle lui propose de faire l'amour et lui montre sa main palmée. L'oncle s'apprête à partir. K. ouvre une petite pièce et y découvre un homme assis dans le noir ; c'est un client de l'avocat. Leni donne une clef à K.

13- La proposition d'Hilda (1 h 00 mn 37 s)

K. retrouve Hilda.. Dans la salle d'audience, il s'empare d'un livre sur l'estrade du président ; il y découvre le dessin d'une femme nue. Hilda apprend à K. qu'elle est mariée à l'huissier et que le juge d'instruction lui fait la cour. Elle propose à K. de l'aider et tente de le séduire. Mais Bert, l'étudiant en droit emporte Hilda sur ses épaules chez le juge.

14- Visite du tribunal avec l'huissier (1 h 06 mn 43s)

Sous les toits, K. voit venir vers lui l'huissier. Il se plaint de sa situation. K. rejoint des accusés qui attendent : il apprend de l'un d'eux qu'il doit déposer une requête. Alors que K. est sur le point de s'évanouir, une archiviste lui indique la sortie.

15- Irmie, la nièce de K. (1 h 13 mn 49s)

À la sortie du tribunal, K. retrouve Irmie. Elle est envoyée par l'oncle pour avoir des nouvelles du procès. K. répond qu'il a décidé de se passer de son avocat. K. entre dans sa banque.

16- Bloch (1 h 16mn 03s)

K. est accueilli chez l'avocat par Bloch. Dans la cuisine, Leni rassure K. qui est jaloux de ses relations avec Bloch. Bloch avoue à K. qu'il a cinq avocats ; il lui apprend aussi qu'au vu du dessin de ses lèvres, il sera condamné. K. annonce qu'il retire son affaire à l'avocat.

Chap. 8 – Le négociant Bloch - Renvoi de l'avocat (30 pages) :

K. se rend chez son avocat et lui signifie son congé ; il y trouve le négociant Bloch, client du même avocat et totalement soumis à ce dernier.

17- Humiliation de Bloch (1 h 26mn 08 s)

Dans sa chambre, Hastler, explique à K. que Leni est très attirée par ses clients. Elle lui raconte ses aventures avec eux. Au moment où K. annonce à l'avocat qu'il lui retire son dossier, Hastler avilit Bloch qui rampe devant l'avocat. Leni conseille à K. d'aller voir Titorelli, le peintre de la justice. K. sort en enfonçant la porte car Leni n'a pas la clef.

18- Le peintre Titorelli (1 h 34mn 34 s)

K. est conduit par une meute de fillettes dans l'atelier en planches disjointes du peintre. Elles s'agglutinent autour de l'atelier. Titorelli décrit à K. les solutions à son procès. Mais K. étouffe et doit acheter trois toiles au peintre avant de sortir. Il se retrouve dans les couloirs du tribunal face aux autres accusés. K. s'échappe par des souterrains, toujours poursuivi par les fillettes qui crient.

Chap. 9 – Dans la cathédrale (25 pages) :

K. est chargé par sa banque de faire visiter la cathédrale de la ville à un client italien ; il s'y rend un soir de tempête sans y trouver le client. Un bedeau boiteux le conduit vers une chaire, d'où un ecclésiastique apostrophe K., lui assénant une sorte de prêche/parabole sur la « porte de la Loi. »

19- À la cathédrale (1 h 43 mn 44 s)

Une voix interpelle K ; il se dirige vers la cathédrale : un prêtre lui confirme qu'il est coupable. En cherchant une sortie, K. se trouve nez à nez avec son avocat. Il projette les gravures de *Devant la Loi*. L'ombre de K. se superpose à l'homme de la légende. Les deux hommes débattent de la liberté de l'être. K. reconnaît sa responsabilité.

Chap. 10 – Fin (5 pages)

« La veille de son trente et unième anniversaire », deux hommes viennent chercher K. à son domicile et le conduisent de force dans une carrière où ils le tuent à coups de couteau, sans qu'il n'oppose la moindre résistance ; il est exécuté « comme un chien. »

20- L'exécution de K. (1 h 47 mn 34 s)

K. est emmené par deux policiers à travers la ville. Dans un terrain vague, ils le poussent dans un trou. Ils n'arrivent pas à se décider à le tuer avec un couteau de cuisine. Ils le laissent et jettent un bâton de dynamite. On assiste à une série d'explosions.

	Générique de fin (acteurs et réalisateur) doublé de la voix d'Orson Welles donnant le nom des interprètes. Sur le dernier plan, on voit la porte de la loi entrouverte et on entend : « *I played the advocate and I wrote and directed this film. My name is Orson Welles.* »

Le Procès d'Orson Welles

*« Si on fait un opéra d'*Othello*, on a le droit d'en faire un génial si on est Verdi ; ou un bon, si on est Bellini ; ou un mauvais, si on est Dupont-Lajoie… C'est la même chose pour le cinéma.* ***Je ne crois pas qu'il faille respecter à la lettre l'œuvre originale. C'est une simple collaboration.*** *Je ne me suis pas senti obligé d'être fidèle à Kafka en tous points. J'ai trouvé nécessaire de saisir l'atmosphère que j'avais sentie chez Kafka et qui est une combinaison d'épouvantable modernisme infiltrant l'Autriche-Hongrie. Une histoire européenne chargée d'un vieux bric-à-brac européen avec des machines IBM tapies dans l'arrière-plan. C'est ainsi que je voulais montrer le film ».*

(Entretien avec Leslie Megahey, extrait du film *Portrait d'Orson Welles*, BBC, 1989)

Derrière la formulation à l'emporte-pièce, cette déclaration de Welles au soir de sa vie, restitue, dans sa brutalité mais aussi sa sincérité, l'exacte attitude du cinéaste face au roman de Kafka : on peut y lire que Kafka n'a été que le « collaborateur » de Welles (l'inversion ne manque pas de mégalomanie, mais c'est habituel chez le cinéaste), et on y entend surtout le parti pris initial de la création du film : une relecture d'une histoire européenne, dans les années 60, par un géant du cinéma américain exilé en Europe, qui a réalisé neuf films en vingt-deux ans parmi lesquels l'un des plus importants de l'histoire du cinéma, ***Citizen Kane***. Œuvre de commande (les producteurs du film ont proposé à Welles de choisir dans une liste d'œuvres littéraires à adapter), ***The Trial*** est, pour cela, accueilli avec curiosité par la critique après cinq années de silence d'Orson Welles.

Kafka, comme Welles, sont des « modernes », chacun dans leur domaine artistique : le premier notamment dans la mesure où, dans *Le Procès*, le lecteur est amené à découvrir lui-même, aux côtés de Joseph K, la portée de son aventure ; le second, par l'interrogation centrale dans nombre de ses films sur les manipulations de l'image. En s'aidant de la démarche proposée par Francis Vanoye pour l'analyse des adaptations de romans au cinéma[1], on se demandera de quelle manière le roman de Kafka s'inscrit, lorsqu'il devient l'œuvre de Welles, dans la modernité cinématographique. S'il est vrai que *The Trial* témoigne des talents de Welles de créateur de formes cinématographiques nouvelles, on s'accorde pour dire que c'est son film le plus classique, celui qui condense et résume les choix techniques et esthétiques de son cinéma. À partir du récit de Kafka, nettement donc marqué du sceau de la modernité littéraire, Welles construit un scénario classique avec concentration de l'action, efficacité dramatique et motivation du protagoniste principal.

Aussi, loin d'être une parenthèse commerciale, le film est-il la confirmation fulgurante du talent de Welles de dramaturge du cinéma, le condensé de ses partis pris esthétiques et la marque de son inscription dans les angoisses du monde depuis la fin de la deuxième guerre mondiale.

---

1. Francis Vanoye, *Scénarios modèles, modèles de scénarios*, Nathan éditeur, p. 129.

Première partie

Comment Orson Welles a-t-il scénarisé le roman de Franz Kafka ?

Scénariser un texte, c'est le transformer en récit destiné à être filmé. Le film, à la différence du livre, est un spectacle dramatique[1], c'est à dire la représentation d'une action (tragique, comique, féerique) sur une scène, et plus précisément, pour le cinéma, dans l'espace du cadre, du champ de la caméra qui l'enregistre.

Pour ce faire, comme au théâtre, le film inscrit son histoire dans une dramaturgie (l'action peut ainsi se développer en trois actes comme, par exemple, dans le scénario classique hollywoodien) ; il installe une tension entre les événements ; il a recours à la réduction (des moments inutiles ou trop longs) ou à la dilatation (des moments privilégiés) du texte qu'il adapte ; il doit trouver des solutions visuelles et sonores pour dire et montrer ; il doit nous faire croire que l'histoire se raconte toute seule ou laisser à une voix ou à un personnage clairement désigné le soin de le faire. En bref, le cinéaste réécrit pour le spectacle cinématographique le potentiel narratif du texte littéraire.

Si tout le monde s'accorde pour dire que Welles est fidèle à Kafka, on va constater qu'il a opéré quelques changements significatifs reflétant des choix propres à l'écriture cinématographique dans **le traitement du temps** (quels sont les repères temporels donnés dans le film ?), **le dispositif narratif** (comment le récit a-t-il été réorganisé ?) et **les personnages** (quels protagonistes ont disparu ou ont été redéfinis ?).

---

1. *Drama*, en grec, signifie *action.* « Le *drama*, explique Yves Lavandier dans son ouvrage *La dramaturgie*, (p. 474, Le clown et l'enfant éditeur, 1997) est une action humaine mettant en jeu un objectif, des obstacles et un résultat incertain ».

Le traitement du temps

Comment Welles a-t-il transformé le temps du récit de Kafka en temps filmique ?

Le procès de Joseph K. dure un an **dans le roman**, depuis le jour de son 30e anniversaire (un matin de début juillet) jusqu'à son exécution un an plus tard, la veille de son 31e anniversaire, vers 9 h du soir. Pendant cette année de procès, K. va quitter peu à peu le quotidien régulier de fondé de pouvoir d'une banque pour le calendrier judiciaire qui occupe tout le récit. Celui-ci est imprévisible mais exige la ponctualité, entraîne mécanique et arbitraire.

La durée du procès dans le film de Welles semble beaucoup plus brève. Si en effet, comme le souligne Laurent Canerot[1] « l'impression de continuité et de rapidité est créée... par le fait que Perkins porte toujours le même costume », ce n'est pas — comme on le verra — en enlevant quelques scènes ou apparaissent des personnages supprimés que la fiction de Welles a été resserrée. Le procès commence par une journée facilement repérable, de l'arrestation le matin (séquence 2), à l'interrogatoire au tribunal (séquence 8). Cette journée, riche en événements, va être suivie d'une seconde (séquence 9) qui, elle, n'aura plus de repères : ceux du jour ou de la nuit s'estompent parce que l'action est essentiellement située à l'intérieur (banque, maison de l'avocat, tribunal...) à part la rencontre avec Irmie qui se situe entre le parvis du palais de justice et l'immeuble de la banque de K. Les signes de ponctuation entre chacune de ces séquences ne donnent pas au spectateur le sentiment d'ellipses temporelles nettes : ce sont essentiellement des fondus enchaînés, suivis de raccords sur le mouvement de K, conduisant, comme le propose

1. *Welles et Kafka : fidélité et infidélités* (fascicule de présentation de l'objet d'étude « Littérature et cinéma » consacré aux *Procès,* Direction de l'enseignement scolaire, Ministère de la Jeunesse, de l'Éducation nationale et de la Recherche).

Elsa Nagel[1], à une temporalité infinie, à un « traitement particulier du temps... purement mental », voire à une « temporalité somnanbulique ».

En effet la quête d'indices plus concrets du temps donnera peu de choses. L'horloge des coulisses du théâtre (séquence 7) qui indiquerait 4 h 10 (on la voit mal), est une provocation pour le spectateur, en quête d'indices : à moins qu'elle ne soit arrêtée, comment justifier une représentation théâtrale à 4 h 10 du matin ou de la nuit comme on voudra ?

Le film s'installe donc dans un autre temps. Si la première journée permet encore à K. de respecter la chronologie de son emploi du temps normal (il se rend bien pour travailler à la banque), de rentrer le soir avec un gâteau pour Mlle Bürstner, elle se clôt sur un événement hors norme dans l'économie d'une journée, un événement étonnant qui va donc se situer tardivement : le premier interrogatoire de K.

Comme on le verra aussi plus loin, le passage à une autre temporalité semble bien se faire à partir des séquences 11 et 12 ; la rencontre avec l'avocat et Leni fait basculer la parcours de K. dans une dimension onirique et fantastique. Au lieu d'attendre comme Bloch assis dans la maison de l'avocat, à la porte de la Loi, **K. va désormais forcer les portes pour comprendre.**

III Le dispositif narratif

Pour cet inventaire, quatre modifications remarquables opérées par Welles dans la chronologie du texte de Kafka, peuvent être repérées. On s'appuiera sur la tableau de comparaison des deux *Procès* (page 45) :

1. *L'art du mensonge et de la vérité*, L'Harmattan, pp. 61 et 62.

– « **Les textes qui servent de préambule à la loi** » (que Kafka appelait « la légende ») **racontés par l'ecclésiastique à K. dans la cathédrale au chapitre *Dans la cathédrale* (pages 243-245) deviennent le prologue du film (séquence 1),** raconté par une voix off inconnue qui pourtant, se démasquera, à la 19e séquence : le montreur des vues de *Devant la Loi* est l'avocat (à la place de l'ecclésiastique chez Kafka), c'est à dire Orson Welles lui-même[1]. Le réalisateur a scindé cette fin du chapitre *Dans la cathédrale* de Kafka en deux parties : le texte même de *Devant la Loi* est propulsé en prologue au film ; son impact sur K, et le dialogue qui s'ensuit entre lui et l'ecclésiastique (chez Kafka), entre lui et l'avocat (chez Welles) est laissé à sa place. Par cette modification majeure, Welles fait de *Devant la Loi* la matrice, la clef du récit à venir, sa « cristallisation », comme le propose Jacques Gerstenkorn[2]. L'histoire de K. est tout entière annoncée dans ce prologue (voir plus loin analyse de séquence). Orson Welles a expliqué ainsi ce déplacement :

« Si la légende était montée à la fin du film, le public s'endormirait ; c'est pourquoi, je le raconte au début et ne le rappelle qu'à la fin. L'effet obtenu équivalait à raconter l'histoire à ce moment là et je pouvais alors le faire en quelques secondes[3] *».*

Cette explication est celle d'un scénariste de cinéma, soucieux de l'impact du spectacle cinématographique : la légende laissée à l'endroit qu'elle occupe dans le roman aurait alourdi dans le film ; elle prend plus de sens lorsqu'elle est rappelée à la 19e séquence par les vertus du montage à distance (le spectateur se souvient alors du Prologue, et son rappel dans la scène de la cathédrale se charge de plus de sens, compte

1. On verra le sens à donner à cette mise en abyme, à cette volonté de « réflexivité filmique » dans la 3e partie *La transposition historique et culturelle.*
2. *La métaphore au cinéma,* Méridiens Klincksieck, 1995.
3. *Orson Welles,* Cahiers du cinéma, 1986, p. 36.

tenu de tout ce qui vient de se passer). Véritable prolepse*, *Devant la Loi* annonce le destin de K.

- **L'interrogatoire de K. par l'inspecteur est achevé chez Kafka à la fin du premier chapitre (*Arrestation*) ; il s'explique avec Mme Grubach, le soir, en rentrant du travail, dans le 2e chapitre (*Conversation avec Mme Grubach*). Welles inclut cette conversation au sein de la longue (21 minutes) et étourdissante première séquence** (éclatée en deux chapitres dans le DVD) : en très peu de temps, l'univers régulé et strict de K. s'écroule dans un chassé-croisé spatial à l'intérieur de la pension de Mme Grubach, qui ressemble bien, comme le dit Elsa Nagel, à « une cage à rat de laboratoire, cloisonnée et ne permettant aucune échappatoire si ce n'est de revenir au point de départ : sa chambre[1] ». Dans cet espace déjà labyrinthique, aux plafonds si bas qu'on s'y cognerait (voir l'analyse de la séquence 2 dans la 3e partie), K. court d'une pièce à l'autre, déjà traqué (le K. de Kafka sera plus attentiste). L'inspecteur, qu'on croyait parti, finalement resurgit sur le balcon de l'appartement-pension : Welles rend ainsi la police encore plus pernicieuse. Mme Grubach, quant à elle, sera isolée sur le balcon par le store tiré par K. qui se rétractera aussitôt : K. n'a plus d'intimité. Welles concentre donc de cette manière en une matinée fatale pour K. ce que Kafka étale à deux moments de la même journée (le matin, le soir en rentrant du travail).
- **Les deux déplacements de K. au tribunal pour être interrogé se succèdent dans le roman (chapitre 3 : *Premier interrogatoire* ; chapitre 4 : *Dans la salle d'audience déserte*). Welles, quant à lui, les sépare d'une vingtaine de minutes (séquence 8 : le tribunal ; séquence 13 : la proposition d'Hilda) et intercale entre les deux quatre séquences (9 : le débarras aux tortures ; 10 : l'oncle Max ; 11 : maître**

1. *L'art du mensonge et de la vérité*, L'Harmattan, p. 79.

Albert Hastler ; 12 : Leni) : alors que Kafka s'inscrit plutôt dans une chronique (on sait que l'agencement des fragments est le fait de Max Brod), Welles est dans la dynamique dramatique du suspense qu'il connaît bien qui alterne tentatives de réussite et tentatives d'échecs. Le premier interrogatoire, s'il ressemble bien à une mascarade absurde (K. réussit, d'une certaine manière à se défendre) a néanmoins bien lieu. En revanche, le deuxième déplacement de K. dans la salle de l'interrogatoire fonctionne comme une prise de conscience décisive chez K. de l'inanité judiciaire : la salle est vide et les livres du juge d'instruction sont ornés de dessins pornographiques. Mais, avant cette découverte qui jette un discrédit définitif sur la justice aux yeux de K, Welles aura culpabilisé encore plus son héros en le confrontant aux tortures infligées aux sous-inspecteurs par sa faute (séquence 9). Et surtout il aura fait rencontrer à K, avec son oncle, le personnage clef du récit et du film, l'avocat Hastler. Placée au centre du film (séquences 11 et 12) ces séquences fonctionnent comme un basculement : **K. va y être en quelque sorte initié** par ce qu'il voit et ce qu'il entend. L'être fragile, qui surestimait ses faiblesses, va repartir plus déterminé. Les signes de cette initiation abondent : K. découvre « l'intimité » de la justice (le labyrinthe de la maison, les piles de dossiers éparpillés dans une pièce, la maladie diplomatique de l'avocat et sa connivence avec son « infirmière », la chambre-prison de Bloch…) et, endossant le manteau noir du juge, il passe, au sens propre et au sens figuré, de l'autre côté du miroir (motif récurrent chez Welles) : il longe en effet un couloir qui alterne miroirs et fenètres vitrées, pendant que Leni en fait autant, de l'autre côté de la cloison. L'infirmière, âme damnée de l'avocat, tout en lui conseillant d'être « plus conciliant », lui laissera d'ailleurs, symboliquement, la clef de la maison.

– **Enfin, dernières modifications, l'inversion chez Welles du dernier fragment du chapitre 7 (*Le peintre*) et du cha-**

pitre 8 (*Le négociant Bloch* et *Renvoi de l'avocat*) de Kafka ; ce qui donne dans le film : *Bloch* (séquence 16), *Humiliation de Bloch* (et renvoi de l'avocat, séquence 17), et *Le peintre Titorelli* (séquence 18) : le peintre est donc chez Welles le dernier recours possible pour K. puisqu'il vient d'abandonner l'avocat. Il s'agit pour le cinéaste de construire une progression dramatique de plus en plus intense : après avoir donné un terrible échantillon de la transformation du client Bloch en esclave de son maître mais aussi avocat, Hastler, Welles laisse K. démuni et aux abois, prêt à entrer dans la folie de l'épisode Titorelli.

Ce qui a donc présidé à ce remaniement de l'ordre séquentiel, c'est la recherche d'une certaine vraisemblance et de la logique chronologique des événements

GROS PLAN

Comment les raccords créent-ils le labyrinthe mental et physique où se cherche et se perd K ?

Le cinéma construit un espace et une durée imaginaires qui ont pourtant, aux yeux du spectateur, toute l'apparence du réel. Il s'agit de relier entre eux des plans — parfois tournés très loin l'un de l'autre et à des moments différents — et de donner le sentiment qu'ils sont proches. Pour cacher ce mensonge des lieux et des temps disparates, le cinéma utilise l'outil essentiel du montage au cinéma : **le raccord**. C'est lui qui donne l'impression de continuité de l'action et de la narration.

Dans *Le Procès,* Welles fait circuler K. dans un espace-temps mental appartenant plus au fantastique qu'au réel. Et pourtant, grâce aux raccords, il va installer **une logique narrative, mais qui sera une logique immergée dans l'irréel.**

Ainsi, dans la séquence 15 où K. retrouve Irmie. Étourdi par le délire judiciaire, il sort titubant de sa visite au tribunal avec l'huissier. Au pied des statues majestueuses des grands hommes et autres penseurs de la nation, à la porte du palais et de son imposante architecture baroque, K. s'éponge le front et respire l'air frais du réel. Mais les cloches carillonnent à toute volée et Irmie surgit pour le cerner de questions. L'adagio renforce l'accablement de Joseph. Après un rapide échange avec Irmie, à propos de la famille qui s'inquiète de Joseph, ils reprennent leur marche.

En quatre plans montés en coupe franche, Welles va les transporter du palais de justice à l'immeuble du bureau de K : deux lieux hétérogènes que K. donne le sentiment de relier magiquement grâce à l'enchaînement des raccords sonores ou dans le mouvement (un geste ou une parole commencés dans un plan sont continués ou achevés dans le suivant) :

Plan 1

Ils quittent (plan d'ensemble) **la place du palais de justice** par le fond du cadre à droite

Irmie : « Il te faut un avocat.

K : Le piston de nos jours c'est essentiel. Hastler se targue...

Plan 2

On les retrouve (en plongée) marchant, K. précédant Irmie, **dans une allée bétonnée** rectiligne formant une ligne de fuite centrale, cernés de marches d'escalier.

K : ... de ses puissantes relations, mais en fait qu'a-t-il obtenu ? Je ne suis pas idiot. Je peux me défendre seul...

Plan 3

On les retrouve arrêtés **au croisement de quatre grands immeubles modernes** (en contre plongée et plan d'ensemble)

K : ... Je n'ai qu'à utiliser ces aptitudes dans mon procès. Une fois débarrassé de l'avocat... (ils reprennent leur marche entre les grands ensembles)... je saurai dresser mes plans et harceler les gens. Bon...

Plan 4

On les retrouve **au pied d'un petit escalier moderne** qui mène au couloir vitré et lumineux de l'entreprise de K. (contre plongée en plan de demi-ensemble)

K : ... maintenant, je dois te quitter.

Irmie : Tu ne vas pas travailler, si ?

K : Ce procès me prend beaucoup de temps. Je dois me mettre à jour. Pourtant j'ai bien envie de te ramener à l'école. »

Puis en six plans brefs, Welles clôt leur rencontre ; ils se séparent.

Voilà comment « les raccords dans le mouvement contribuent à donner l'idée d'un espace que K. a la faculté de traverser, comme dans les contes fantastiques[1] »

1. Elsa Nagel, *L'art du mensonge et de la vérité*, L'Harmattan, page 39.

Les personnages

Un allégement du nombre de personnages secondaires conduit le récit vers plus de symbolisme et, en raréfiant les présences humaines, contribue à augmenter un sentiment de l'étrange dont on reparlera. Disparaissent ainsi : la cuisinière de Madame Grübach (*Arrestation)*, le fils du concierge (*Conversation avec Mme Grubach, puis avec Mlle Bürstner*) ; le capitaine Lanz, neveu de Mme Grübach *(L'amie de B*) ; les habitants de l'immeuble proprement dit, à qui K. demande son chemin (*Premier interrogatoire) ;* un garde avec un sabre dans son fourreau (*Dans la salle d'audience déserte) ;* un homme en robe de chambre dans le corridor de l'appartement de l'avocat qui informe K. et son oncle de la maladie du juge (*L'oncle) ;* l'industriel qui vient négocier un contrat d'assurance au moment où K. tente de rédiger sa requête (*L'industriel) ;* le client italien à qui K. doit faire visiter la ville, rencontré dans les salons de la banque, ainsi qu'une vieille femme en prière et un bedeau boiteux *(Dans la cathédrale) ;* dans le chapitre *Fin*, les ultimes rencontres de K. et des « deux messieurs en redingote » qui viennent le chercher : deux enfants dans un parc, Mlle Bürstner de loin, un policier « à la moustache broussailleuse » qu'ils doivent semer, et au dernier étage d'un immeuble « une figure humaine frêle et indécise ».

Cet allégement du nombre des personnages se résout souvent en superposition d'identités ou un glissement des fonctions qui eux vont dans le sens de l'efficacité de la narration ou de la caractérisation des personnages : ainsi la cuisinière de Mme Grübach et Mme Grübach ne font-elles plus qu'une personne, les petits employés et le clerc attaché à K. ne font plus qu'une seule secrétaire (séquences 5 et 10) ; la secrétaire-archiviste de la séquence 14 du film endosse l'identité de la jeune fille et du « préposé aux renseignements » qui soutiennent K. pris d'un malaise (*Dans la salle d'audience déserte*) ; Welles est allé chercher le métier de l'amie de K. (Elsa, serveuse et danseuse dans une taverne) et l'a donné à Mlle Bürstner qui est dactylo chez Kafka ; puisque l'industriel a disparu et qu'il donnait à K. dans le roman l'adresse de Titorelli, c'est Leni qui, dans le film (séquence 17), lui explique l'influence du peintre sur les magistrats ; enfin, ultime modification de fonction, c'est bien (comme on l'a déjà dit) l'avocat, c'est à dire Welles, qui raconte *Devant la Loi* à la séquence 19 en glissant dans la lanterne magique (le projecteur) les plaques de la légende et non l'ecclésiastique. Welles fait ici la jonction entre son rôle d'avocat dans le récit et son statut de réalisateur, de « Grand Imagier ».

Un exemple de mutation de personnage : Comment et pourquoi Mlle Montag devint Miss Pittl ?

Welles a parfois remanié et développé des personnages (et les propositions narratives qu'ils apportent) car ils contribuent à créer sa propre dramaturgie et lui permettent d'exprimer son imaginaire. C'est le cas de la séquence 6, *Miss Pittl et sa malle.* Inspirée du texte fragmentaire *L'amie de B.* (page 259) du roman, ce plan-séquence de 3' 27'' montre Miss Pittl (Mlle Montag du roman) tirant une malle très lourde à travers un terrain vague entre des immeubles. K, porteur d'un gâteau de réconciliation pour Mlle Bürstner, reconnaît la malle de celle-ci. Il apprend, avec difficulté, que son amie a été mise à la porte de la pension. Welles associe dans cette séquence deux moments du roman : les quelques mots de la logeuse expliquant à K. que Mlle Montag emménage chez Mlle Bürstner (page 260 du roman) sans l'aide de la bonne car elle est têtue (page 262 du roman) et l'entretien de Joseph avec Mlle Montag (pages 263 à 265 du roman). Alors que dans le roman Mlle Montag était simplement chargée de transmettre à K. le refus de Mlle Bürstner de le revoir (lors d'un entretien autour de la table de la pension), dans le film Miss Pittl déménage la malle de Mlle Bürstner et cela à cause de K. qui a défendu cette dernière quand la logeuse la dénigrait. **Cette très sensible modification du roman a deux conséquences** : d'abord elle participe à la montée du questionnement sur la culpabilité chez K. (« Pourquoi faut-il que je m'arrange toujours pour me mettre dans mon tort **sans même avoir compris comment !** » et surtout à la fin de la séquence : « Alors, dans ce cas... **je suis responsable** ») ; ensuite elle permet à Welles de mettre en œuvre une esthétique (un travelling d'accompagnement en plan d'ensemble dont Welles est coutumier, qu'on se réfère par exemple à *Othello* (1949-1952) ou à *Touch of Evil* (1957-1958), qui contribue à installer un climat de flottement du sens, de vide, voire d'absurde[1].

Caractéristique de la modernité au cinéma, **le plan séquence*** définit un des aspects du style cinématographique de Welles : sans coupure, en continuité, nous suivons K. et Miss Pittl qui traversent le terrain vague. Ce puissant effet de réalité (il restitue l'écoulement du temps dans l'espace de l'action) vient se heurter au statut incongru et absurde de l'action qu'il filme : K, gâteau à la main, poursuit une femme qui tire une lourde malle, pour finalement comprendre qu'il est le goujat responsable de la mise à la porte de Mlle Bürstner. Caractérisée par son appareil orthopédique (dont on sait que le bruitage a été réalisé grâce à un cadran de téléphone qui tournait sur plusieurs numéros), sa malle, son ton bourru et ironique, Miss Pittl contribue largement pour sa part à l'étrangeté de la scène. Enfin, on pourra se rappeler que Michelangelo Antonioni utilise lui aussi dans *La notte* (*La nuit*, 1961) des décors urbains ou de terrains vagues « vidés de sens et

1. *L'art du mensonge et de la vérité*, L'Harmattan, page 65. Elsa Nagel cite Gilles Deleuze dans son analyse du *Procès* : « Cet espace correspond à ce que Gilles Deleuze définit comme étant « un espace quelconque » où s'établit une situation purement optique ou sonore ; une telle situation « est censée faire saisir quelque chose d'intolérable, d'insupportable... »

> d'humanité sur les arêtes desquels les protagonistes viennent s'écorcher[1] ».

Au terme de ce premier parcours où l'on a vu le travail de scénarisation opéré par Welles, peut-on élucider la structure du film ?

Alors que chez Kafka, le personnage donnait plutôt un sentiment de piétinement, de découragement, Welles inscrit l'histoire de K. dans un parcours poussant le protagoniste à répondre à des forces de perquisition et d'oppression. Mais cette odyssée de K. à travers les lieux et les procédures de la justice se transforme vite en exploration angoissante d'espaces clos, interdits ou défendus. Elle deviendrait plutôt en suivant la nomenclature proposée par Francis Vanoye[2], une iliade[3], c'est à dire un parcours non plus horizontal mais vertical, une plongée dans l'absurdité judiciaire et une enquête de K. sur lui-même qui se renvoient mutuellement la balle.

- **Posté à l'entrée du film alors que l'histoire proprement dite n'est pas commencée, le prologue** (séquence 1) a un statut particulier : il propose au spectateur une donnée mystérieuse mais qui, rétroactivement, va se révéler être, **d'une manière métaphorique**, l'histoire de K, résumée en trois minutes. Elsa Nagel le considère comme « un secret enfoui dans le passé, au fond de la mémoire » à la recherche duquel part Joseph K.
- **Le premier nœud dramatique** de l'histoire intervient avec l'inculpation de K. (séquence 2) : il fait basculer le protagoniste de son quotidien sans histoire dans un cauchemar

1. Stéphan Krezinski, Dictionnaire de films, Larousse éditeur, 2002, page 558.
2. *Scénarios modèles, modèles de scénarios*, Nathan, p. 32.
3. *L'Iliade :* poème épique attribué à Homère, récit d'un épisode la guerre de Troie. Achille, qui s'était retiré sous tente après une querelle avec Agamemnon, revient au combat pour venger son ami Patrocle, tué par Hector, et il abat celui-ci. Avant de se concrétiser, le combat d'Achille est d'abord intérieur. *L'Odyssée* sera au contraire le récit d'un voyage, celui du retour d'Ulysse à Ithaque.

progressif. Désormais K. veut comprendre. Le premier interrogatoire de Joseph (séquence 7) sera la vraie première manifestation de son procès.

- **Les premiers obstacles auxquels est confronté K.** sont d'ordre **sociaux et psychologiques** : les insinuations de Mme Grubach (séquence 3), l'attitude de Mlle Bürstner (séquence 4), les suspicions du directeur adjoint (séquence 5) et les attaques de Miss Pittl (séquence 6) mettent en marche la culpabilisation de K. S'il est dérangeant socialement pour ces quatre personnages d'avoir des relations avec un homme suspecté par la justice, ce sont **plutôt les complexes de culpabilité de K.** (que Welles n'a pas puisés dans le roman de Kafka, mais plutôt dans la propre histoire de l'écrivain pragois comme ceux engendrés par son père pendant son enfance) qui remontent à la mémoire de Joseph.
- **K. passe alors à une phase active** : pourquoi l'accuse-t-on, comment se défendre et avec l'aide de qui ? C'est ainsi qu'il tient tête à la cour lors de la première convocation (séquence 7). Joseph désormais va se déplacer d'un lieu à l'autre et se confronte à des portes : celle qu'on lui montre (Hilda à la séquence 8), celle qu'il referme, devenue démesurée (fin de la séquence 8), celle de l'avocat Hastler dont Leni lui donne la clef mais qu'il enfonce à la fin de la séquence 17, celle qu'il cherche pour sortir de la cathédrale à la séquence 19. Son parcours prend pendant un temps (séquence 8) l'aspect d'un jeu de piste : une jeune femme lui tend un billet et l'inspecteur dessine un plan au dos de la convocation.
- **La culpabilisation de K.** est relancée par le débarras aux tortures (séquence 9) et l'oncle Max (séquence 10) : le premier avec le jeu des tortures infligées aux sous-inspecteurs parce que K. les a dénoncés pour corruption ; le second parce que K. flétrirait l'honneur de la famille.

- **La première possibilité** concrète pour K. d'entreprendre sa défense et de trouver des alliés a lieu à la séquence 11 (Maître Albert Hastler) et à la séquence 12 (Leni) même si la découverte de l'antre de l'avocat et de la perversité de son infirmière vont le dérouter. En effet à partir de ce moment les repères temporels se brouillent. Le parcours de K. va se faire maintenant au pas de course à travers le labyrinthe judiciaire. Le film passe donc d'une première partie placée sous le signe du temps (séquences 1 à 10) à une seconde partie placée plutôt sous le signe de l'espace (séquences 13 à 20).
- **La deuxième possibilité** offerte à K. est la proposition d'Hilda (séquence 13) et la visite du tribunal (séquence 14). Mais la manipulation de la femme de l'huissier par la justice éclate vite aux yeux de K.
- **Un tournant important,** qui va l'isoler, est pris par K. à la séquence 15 (Irmie) et aux séquences 16 et 17 (Bloch) : d'une part il découvre l'état d'esclavage dans lequel l'avocat entretient son client Bloch et d'autre part, il retire son dossier à Hastler.
- **La troisième et dernière possibilité offerte à K.** (le peintre Titorelli, séquence 18) s'achèvera dans l'étouffement physique et l'hystérie totale.
- **Le paroxysme apportant la réponse dramatique à la quête de K.** éclate à la séquence 19 (À la cathédrale) : K. découvre le double rôle du personnage incarné par Welles (avocat et montreur des images de la Légende) et accepte sa culpabilité (« Oui, je suis responsable ») en reconnaissant ce qu'il avait oublié : les gravures et le sens du texte premier *Devant la Loi.*
- **La chute du récit** a lieu à la séquence 20 (L'exécution de K) mais il n'y a pas de réponse à l'interrogation fondamentale : pourquoi K. est-il mort ?

Analyse de séquence : le prologue *Devant la loi*

> L'analyse de séquence doit d'abord décrire les images de l'extrait ; puis à partir du repérage des choix les plus caractéristiques de la mise en scène, elle interroge ce qu'ils suggèrent de l'action en cours ; enfin elle propose une hypothèse sur la signification de l'ensemble du fragment et sa relation avec la suite.

1– Sur une durée de 2'45'', une voix off raconte, avec 17 dessins utilisant la technique dite de « l'écran d'épingles », inventée par Claire Parker et Alexandre Alexeïeff dans les années 30[1], *La légende de la porte de la Loi.* On reconnaît dans la bande son l'adagio d'Albinoni qui laisse place à la fin à celle du musicien du film, Jean Ledrut.

Les dessins, qui rappellent les gravures des romans illustrés du 19e siècle, sont des esquisses grises ou noires détourées de blanc et le traitement de la lumière, qui structure le petit espace représenté (un seul décor : devant la porte de la citadelle de la Loi) rappelle celui du **cinéma expressionniste allemand**.

C'est la voix off qui conduit la narration, lance et anime les gravures qui apparaissent, par volets successifs (et aussi pour certains par fondu enchaîné), comme si quelqu'un les feuilletait. Cette voix est sans visage, mais on reconnaît rapidement que c'est celle d'Orson Welles dont il a appris les pouvoirs à la radio et au théâtre.

2– Chaque planche défile rapidement en illustrant le récit : le garde devant la porte de la loi, l'homme qui se présente pour entrer, le refus du garde de le laisser entrer dans un lieu contenant beaucoup d'autres portes et beaucoup d'autres gardes... Alors que tous ces premiers tableaux sont fixes, le dixième, paradoxalement, celui qui correspond à la longue attente de l'homme,

---

1. « Des rangées d'épingles sont enfoncées dans une planche éclairée horizontalement. Les têtes d'épingles se dressent et s'enfoncent créant des ombres qui s'allongent ou raccourcissent, ombres que l'on filme image par image ». *Les ateliers de cinéma d'animation : film et vidéo* de Robi Engler (Favre éditeur, 1982).

s'anime. L'écran d'épingles entre vraiment en action : les variations de densité des gris, des noirs et des clairs obscurs signifient le déroulement des saisons et la durée devient sensible d'une manière magique. Le récit se clôt par un retour aux gravures fixes au moment de son paroxysme : l'homme s'entend répondre que la porte n'était ouverte que pour lui et qu'elle va désormais se fermer. La dernière gravure surgit alors dans un dernier volet : en plan rapproché, on voit d'abord la porte presque close, débordante d'une forte lumière intérieure puis, après un raccord dans l'axe, le même décor mais cette fois en plan d'ensemble rendant encore plus inaccessible la porte de la Loi.

Le mouvement lent et religieux de l'adagio d'Albinoni s'efface pour laisser la place à un fort bruitage de fermeture de porte puis des sons inquiétants assurant la transition par un fondu au noir suivi d'un flou sur le visage de K. encore endormi. Quelques fragments d'une musique concrète contrastent par leur réalisme brut avec son contraire : l'adagio dit « d'Albinoni » (on sait qu'il a été écrit à partir de quelques éléments du musicien italien par Remo Giazotto dans la deuxième moitié du 20e siècle) qui aura soutenu de son mouvement lent et insinuant la loi d'airain de la Légende. Celle-ci est alors terminée et le conteur se dédouble : il révèle la source du conte — sans toutefois en donner l'auteur — et esquisse un commentaire : « Ce qu'elle signifie ? Il n'y a ni mystère, ni énigme à résoudre. On pourrait dire que la logique de cette histoire est la logique d'un rêve... ou d'un cauchemar ». C'est déjà, sans l'afficher encore, le cinéaste qui se manifeste (avant d'apparaître clairement dans sa fonction de réalisateur à la séquence 19) en proposant des hypothèses de lecture à son film, les codes possible d'un genre cinématographique : s'il ne s'agit pas d'une aventure banale ou d'un thriller avec énigme, peut-être devrions-nous nous tourner vers l'étrange, l'onirique, le fantastique.

3– Au moment de prendre du recul et de proposer des hypothèses de sens, on constatera que les voies sont nombreuses.

On soulignera **les connotations religieuses du texte de *La légende de la loi* :** entre conte et parabole, ou allégorie, il s'inscrirait aisément dans le contexte des *Écritures.* Le choix de l'écran d'épingles dont les images combinent fixité et animation propose quant à lui une réflexion sur la naissance du mouvement au cinéma, inscrivant d'emblée *The Trial* dans un questionnement sur le cinéma. Enfin, placé ainsi au début du film, ce prologue constitue sans nul doute le résumé allégorique des événements qu'il va raconter, une annonce tragique de la condamnation de K. Welles est d'ailleurs coutumier de paraboles ou de petites fables dans son œuvre : *Confidential Report* (1954-1955) articule ainsi l'histoire de M. Arkadin autour de la fable de la grenouille et du scorpion[1]. En terme de dramaturgie cinématographique, Welles travaille ici ce que les scénaristes appellent « **l'ironie dramatique** », procédé scénaristique consistant à donner au spectateur une information que le protagoniste principal ignore. À cet égard on pourra faire la liste des analogies entre le prologue et l'histoire de K. qui fonctionnent donc comme des annonces : ainsi la perspective des portails ouverte à l'infini dans l'une des gravures sera l'annonce de l'espace labyrinthique du *Procès.*

1. « Un scorpion voulant traverser une rivière demanda à une grenouille de l'y aider. – Non, car tu me piqueras et chacun sait que la piqûre du scorpion est mortelle, dit-elle. – Quelle sottise ! Si je te pique, je me noie avec toi. Est-ce logique ? Alors la grenouille prit le scorpion sur son dos. Arrivée au milieu de la rivière, elle sentit une douleur affreuse la traverser, le scorpion l'avait piquée. Tandis qu'ils s'enfonçaient dans l'eau, elle cria : Est-ce logique ? – Non, je le sais bien, dit le scorpion, mais que veux-tu, je n'y peux rien... C'est mon caractère ! » (Ésope)

Deuxième partie

Comment Orson Welles recompose-t-il l'univers du *Procès* ?

Comme avec Shakespeare qu'il a adapté trois fois[1] (six fois si on considère que *Falstaff* est « emprunté » à quatre pièces différentes), Welles portera une attention particulière à la réécriture cinématographique de l'une des œuvres les plus célèbres de la littérature mondiale du 20e siècle.

On a vu comment il a inscrit son *Procès* dans les principes les plus classiques de la dramaturgie cinématographique. On a souligné toutefois que la construction du film devenait un moyen de mener une réflexion sur le spectacle, sur les processus de représentation et de création[2]. La *Légende de la Loi* est, dans son contenu et sa disposition en miroir, une mise en abyme de l'histoire de K. dont le réalisateur, dans la peau de l'avocat, imprime les ombres lumineuses sur le corps et dans la tête de Joseph K.

Mais faire un film ne se cantonne pas à utiliser des outils scénaristiques. Il ne devient une véritable création que lorsqu'il fait exister un univers original. La singularité de Welles peut donc aussi se lire dans les partis pris esthétiques qu'il a mis en œuvre pour *The Trial ;* on les définira à travers **l'analyse des choix de l'énonciation, des choix techniques et plastiques** qui ont présidé à la création de l'univers du film, et à **la caractérisation des personnages et à leur mise en scène.**

Un narrateur démiurge

Écrit à la troisième personne (ce qui nécessite la présence d'un narrateur invisible dont on entend la voix), le roman de Kafka

1. *Macbeth* (1947), *Othello* (1949-1952), *Falstaff* (1964-1965).
2. *Le Procès* s'inscrit dans les films à scénarios spéculaires où le cinéma se met lui-même en scène pour mener une réflexion sur sa propre nature. On pense à *La nuit américaine* de François Truffaut (1973) ou à *La rose pourpre du Caire* de Woody Allen (1985). On pourra lire à ce sujet *Scénarios modèles, modèles de scénarios* de Francis Vanoye, Nathan, p. 84.

relate tout ce que fait et regarde K. Le narrateur le montre sans le juger ni analyser ses sentiments : il adopte un ton volontairement neutre. Ces choix fondent la modernité du roman.

Le cinéma classique pratiquait la « **transparence narrative** » : le récit donnait le sentiment de se raconter tout seul, le spectateur pouvait s'adonner à l'illusion d'un monde dont les artifices étaient invisibles. Welles, dès *Citizen Kane*, participe à l'invention d'un cinéma moderne que son œuvre développera. C'est par **le choix et l'ostentation d'un énonciateur** que Welles affirme la modernité du *Procès*.

Si Welles choisit comme Kafka la présence d'un narrateur, elle est loin de rester discrète et effacée : il s'agit bien sûr de lui-même, Orson Welles.

Il est partout : c'est lui la voix qui raconte la légende de *Devant la Loi* dans le prologue (séquence 1) et c'est aussi lui la voix qui donne à la fin du film la liste des acteurs et ajoute son propre nom comme il l'avait déjà fait à la fin de son deuxième film *The Magnificent Ambersons* (1941-1942) ; on sait qu'il a doublé la voix de plusieurs personnages du film dans la version anglaise (policiers, ecclésiastique) ; c'est enfin lui qui joue le rôle de l'avocat Hastler (on se rappellera la galerie de personnages incarnés par Welles pendant sa carrière : un magnat de la presse, Randolph Hearst alias Charles Foster Kane ; des princes shakespeariens, Othello ou Macbeth ; M. Arkadin, banquier ; Hank Quinlan, capitaine de police).

De cette omniprésence du réalisateur dans son film, on ne retiendra pour le moment que l'incarnation de la voix off du prologue (séquence 1) dans le corps de l'avocat (séquences 11, 17 et 19) : cette jonction entre la voix narratrice et l'avocat passe par un troisième rôle qui n'est pas le moindre puisqu'il chapeaute les deux autres, celui du montreur des vues du prologue, celui du manipulateur de la lanterne magique de la 19e séquence, le cinéaste lui-même. K. rejoint dans cette séquence l'homme qui a piétiné toute sa vie devant la porte de la Loi, tel que le raconte la légende. Et le montreur de ces images c'est tout à la fois le narrateur-avocat-montreur de vues, le grand imagier Orson Welles. L'inscription sur l'écran au fond de la cathédrale des silhouettes de K. et de l'avocat rappelle donc le caractère illusoire et mensonger du cinéma, idée que Welles développera dans nombre de ses films.

Mais, comme le souligne Elsa Nagel, si la voix off du narrateur prend en main la narration, introduit le visage flou encore endormi de K, dès le deuxième plan, par un effet de caméra subjective, le spectateur entre dans le regard de K. et avec lui voit la porte de Mlle Büstner (passablement déformée par la courte focale comme pour souligner la nature onirique de ce regard) s'ouvrir pour laisser entrer l'inspecteur :

> *« L'ambiguïté de la prise en charge de la narration est d'emblée amorcée. L'effet d'étrangeté, propre au fantastique... découle de l'impossibilité de décider si un narrateur nous raconte de l'extérieur le rêve intérieur de K, ou bien si le protagoniste se voit en train de rêver*[1] »

Un univers foisonnant mais rigoureux

Welles remplace l'écriture, neutre et impersonnelle à dessein, de Kafka par une esthétique et un style cinématographique nettement plus tumultueux. Sans aller jusqu'au délire visuel — ce dont les critiques l'ont taxé à la sortie du film —, il devait conter en images, donc mettre en scène, ce que Kafka faisait découvrir à ses lecteurs d'une manière plus insinuante et discrète dans la réalité sordide de K.

> *« L'un des ennemis du film est le fait banal et simple. Aussi devons-nous être capables grâce à la photo, l'éclairage et tout ce qui peut transformer*

1. Elsa Nagel, *L'art du mensonge et de la vérité*, L'Harmattan, p. 36.

le réel, de le charger d'un « character », parfois d'un « glamour »... En ce sens le réel doit être traité comme un décor ».

Ce principe énoncé par Welles dans le catalogue d'une rétrospective de ses films en 1982 nous offre un axe d'analyse essentiel pour comprendre l'univers de son *Procès*. Ce monde où il nous embarque pendant 1 h 54 a en effet une personnalité (« character ») et une séduction (« glamour ») particulières : placé sous le signe de l'imaginaire et de l'irréalisme, il est très théâtralisé, joue sur le contraste exiguïté-démesure et allie sans hiatus architecture baroque et uniformité bétonnée de bâtiments modernes. Youssef Ishaghpour décrit ainsi l'art, qu'il appelle « maniériste » de Welles :

> *« Il privilégie l'espace oblique asymétrique, vertical et instable, les torsions intensément expressives et équivoques et les angles de vue dramatiques, la mobilité des points de vue aux perspectives étranges et dérangeantes, l'élongation des figures, la disproportion des rapports entre trop grand et trop petit, entre la grandeur anormale des motifs du premier plan et la soudaineté du rétrécissement des formes due à la perspective*[1] *».*

Ces partis pris esthétiques sont mis en œuvre grâce à des options techniques elles aussi très caractéristiques de tous les films de Welles : **les choix d'un objectif spécifique (le grand angulaire ou courte focale*), les choix du plan et de son cadrage (l'oblique, la plongée ou la contre plongée, la perspective), des choix de lumière alternant expressionnisme et baroque, enfin des choix sonores particulièrement soignés pour la musique, le bruitage et le doublage des voix.**

– **La topographie du *Procès*** passe par quelques lieux : la pension de Mme Grubach (un immeuble moderne dans un environnement de cité et de terrains vagues), la banque où travaille K. (un autre immeuble moderne), le théâtre, l'espace

1. Youssef Ishaghpour, *Orson Welles cinéaste, Une caméra visible. Mais notre dépendance à l'image est énorme*, « Les Essais », éditions de la Différence, p. 122 et 123.

judiciaire (palais de justice, salle d'audience, archives sous les toits et greffes), la maison de l'avocat, la cathédrale, la ville et la friche avec sa carrière (lieu de l'exécution de K). Une géographie précise des lieux est impossible (ou se heurte à des incohérences) ce qui confirme le caractère irréel de cet univers. Mélangeant dans un bric-à-brac immeubles modernes et bâtiments plus anciens, des lieux que l'on sait hétérogènes géographiquement, Welles réussit à trouver une cohérence, fidèle à sa méthode inaugurée avec *Othello* (1949-1952) qui a consisté à assembler à un décor unique en carton pâte des décors naturels glanés dans neuf villes différentes. Placé sous le signe de l'étrange, il a, depuis le réveil anticipé de K. dans sa chambre à 6 h 14 du matin (il est donc en manque de sommeil), **une dimension onirique et fantastique** : l'insolite surgit dans la réalité, « au cœur d'un univers parfaitement repéré et d'où on estimait le mystère à jamais banni... tout semble comme aujourd'hui et comme hier : tranquille, banal, sans rien d'insolite, et voici que lentement s'insinue ou que soudain se déploie l'inadmissible[1] ».

– **La pension de Mme Grubach,** avec ses plafonds bas que la contre plongée signale (la caméra de Welles est toujours soit au sol soit en hauteur), ressemble bien, comme le dit Elsa Nagel, à une cage de rats pour laboratoire : chacun vit quasiment sous le regard des autres, sans intimité ni échappatoire possible à cause de sa structure moderne (« Tout communique » disait, dans un tout autre registre, Madame Arpel en faisant visiter sa villa à ses amies dans *Mon oncle* réalisé par Jacques Tati en 1958) jusque sur la terrasse où K. retrouve l'inspecteur qui s'y est faufilé. K. ne pourra pas

1. Roger Caillois, *Anthologie du fantastique 1*, Gallimard, 1977, p. 11. *Le Procès* serait ainsi un film appartenant au genre fantastique, forme narrative prolifique au cinéma, répondant à un ensemble de règles thématiques ou formelles qu'on pourrait rappeler à partir d'exemples connus.

cacher à ses yeux Mme Grubach contre qui il est très en colère : le store se relève automatiquement...

– **Le tribunal, comme la pension, est lui aussi un refuge impossible.** Il combine sa fonction originelle (lieu où siège la justice et son administration) avec des fonctions plus prosaïques et hétérogènes : l'appartement d'Hilda (elle y lave son linge et coud à la machine) précède la salle du tribunal ; l'atelier-chambre de Titorelli débouche sur un couloir du palais, le linge des accusés sèche dans les couloirs du greffe... Somme toute rien de bien étonnant mais avec cependant juste un petit décalage pour pointer la déchirure, l'irruption insolite dans le monde réel, marques du fantastique. Globalement ce palais de justice associe, sans difficultés, **une architecture industrielle** de la fin du 19e et du début de 20e pour les intérieurs (la gare d'Orsay alors désaffectée dont Welles dira « J'y ai découvert le monde de Kafka, le bureau de l'avocat, ceux du tribunal, une sorte de modernisme à la Jules Verne[1] ») à une façade plus **baroque** (Zagreb ?). Pour y accéder Welles fait passer son héros par **des escaliers** en colimaçon ou à plusieurs volées toujours vus en contre plongée où le travail de la lumière, en alternant zones d'ombre et zones éclairées, dramatise l'espace. On songe alors bien sûr à la série d'eaux fortes de Giovanni Battista Piranese sur les prisons (*De invenzioni caprici di carceri*, 1745) dont le commentaire par Aline Jacquiot pourrait s'appliquer à l'univers créé par Welles dans *Le Procès* :

« Piranese nous décrit des architectures oppressantes par leur gigantisme. Les condamnés errent dans de vastes espaces sans fin, dont on ne voit pas les sources de lumière, monde sur lequel ils n'ont aucune prise car il n'est pas à leur échelle. On éprouve l'angoisse d'une métropolis du supplice, angoisse à laquelle nous sommes habituellement plus sensibles

1. L'architecture de la ville héroïne de la bande dessinée *Les cités obscures* de Schuiten et Peeters (Casterman, 1990) en est une belle illustration sur un sujet, par ailleurs, très kafkaïen.

qu'au déploiement d'instruments de torture gigantesques qui devaient plus effrayer ses contemporains et qui a permis à Aldous Huxley de parler de « prisons métaphysiques[1] ».

– **Les lieux de justice offrent une figure récurrente, la prison, déclinée dans plusieurs espaces :** le débarras aux tortures (séquence 9), l'atelier-cage de Titorelli (séquence 18), la chambre de Bloch (séquence 12). On peut y adjoindre une seconde figure très voisine, celle du souterrain (séquence 18), du labyrinthe (toutes les séquences de circulation de K. dans l'espace judiciaire, particulièrement lors de la visite du tribunal avec l'huissier (séquence 14). Enfin, il sera facile de faire l'inventaire d'un troisième motif, très riche dans le film et déjà évoqué, celui de la porte, à partir de son exemplaire emblématique, qui a contribué à la mémoire du film : **la porte gigantesque du tribunal que K. referme à la fin de la séquence 8.** Dans ces espaces restreints, la plongée et la contre plongée, jointes à la courte focale* et au travail expressionniste de la lumière engendrent un véritable malaise physique, une déstabilisation. À cet égard toute la séquence du débarras aux tortures est à revisiter : c'est en effet grâce aux violents contrastes d'ombre et de lumière issus d'une seule lampe au plafond qui reçoit les coups de l'homme en cuir à la place des sous-inspecteurs, accentués par l'optique déformante du grand angulaire et bien sûr par le montage cut de plans brefs, que surgit ce que Elsa Nagel appelle « le faux exercice du châtiment[2] ». La violence montrée n'est qu'une illusion alors qu'elle est ressentie comme réelle par K. qui va développer encore plus son complexe de culpabilité et contribuer à lui faire confondre simulation et réalité. « La courte focale, c'est le paradoxe d'un champ large et d'une extrême proximité » précise le chef-opérateur Charlie Van

1. Aline Jacquiot *Quatre siècles de surréalisme*, Belfond, 1973.
2. Elsa Nagel *L'art du mensonge et de la vérité*, L'Harmattan, p. 51.

Damme[1]. Dans cet exemple, très paradoxalement, la courte focale a aussi pour effet d'inverser les valeurs habituelles des codes cinématographiques : la contre plongée ne valorise plus mais fragilise ; la lumière n'est plus le domaine du pouvoir mais de la faiblesse. L'ombre reste cependant toujours le lieu de toutes les manipulations. Quant à l'atelier-cage de Titorelli, on pourra en faire la même analyse en montrant comment le motif des barreaux est décliné par ses cloisons à claire-voie (encourageant donc les fillettes-Érinnyes[2] à surveiller le « prisonnier ») et par le pyjama rayé du peintre, rappelant l'uniforme des détenus ou des prisonniers d'un camp de concentration. Il sera prolongé par un long couloir dans lequel K. débouche au sortir de l'atelier de Titorelli et du couloir du palais attenant : poursuivi par les fillettes (qui semblent être devenues de vraies jeunes filles) il se lance dans une course effrénée filmée en travelling arrière et dessinant sur son corps les zébrures d'ombre et de lumière des planches à claire-voie qui bordent le labyrinthe du couloir.

– **La « théâtralisation » des espaces est aussi caractéristique de l'univers du film.** Elle s'affirme d'abord par un ajout très symptomatique de Welles au texte de Kafka : le coup de téléphone qui prévient K. de son premier interrogatoire dans le roman devient un petit papier qu'on lui fait passer alors qu'il est au théâtre (séquence 7) ; il rejoint l'inspecteur dehors qui lui donnera alors sa convocation[3]. Le décor dans le cinéma de Welles prime : il lance l'action, est l'agent du

1. *Lumière créatrice* de Charlie Van Damme, FEMIS, 1987, p. 48.
2. Les Érinnyes, déesses de la mythologie grecque, vivaient dans le Tartare et devaient punir les crimes des humains. Elles avaient les cheveux entrelacés de serpents, tenaient d'une main une torche ardente et de l'autre un poignard.
3. Le directeur-adjoint, chez Kafka, invite K à venir, le dimanche où il vient précisément d'être convoqué par téléphone à son premier interrogatoire, faire une excursion sur son voilier. Orson Welles laisse entrevoir, quant à lui, une invitation de Mlle Bürstner à l'opéra par le sous-directeur : « malheureusement toutes les places sont louées ». S'agit-il du même lieu où on va retrouver K deux séquences plus loin ?

drame, et cristallise l'identité du personnage. Il n'est pas inintéressant de constater que c'est un théâtre en pleine représentation, lieu de la mise en scène du réel et de l'illusion, qui lance le parcours de K. dans la justice. Plusieurs lieux sont ensuite traités comme de véritables plateaux de théâtre : quittant l'inspecteur pour se rendre à sa convocation (séquence 7), K. traverse une place où, autour d'une statue recouverte d'une sorte de suaire, sont disposées des vieilles personnes muettes, torses nus et figées dans un regard triste et vide, portant leurs vêtements à la main et des cartons numérotés autour du cou. Cette scène est traitée comme un tableau symbolique (dont on reparlera dans la 3e partie) dans un espace qui assume son artificialité. Il en est de même pour l'espace « cathédrale » qu'on a pu décrire comme désaffectée mais qui n'est en fait qu'une idée de cathédrale, qu'une esquisse, comme au théâtre : il suffit en effet d'une chaire accrochée à un pilier et d'une tenture noire auxquelles on rajoute un prêtre dont la voix est réverbérée, pour croire à une cathédrale. L'espace deviendra encore plus nu lorsqu'à quelques mètres de là, quelques instants après, K. retrouve son avocat (« Suis-je moi même dans l'église ou bien est-ce une dépendance du tribunal ? » demande Joseph) devenu montreur de lanterne magique : peut-être sommes-nous maintenant entrés dans une salle de cinéma ? Mais cela n'empêchera pas Welles, en faisant sortir K. de cette « cathédrale », de nous offrir l'image d'une véritable église, sculptée par un fort éclairage. Cette « théâtralisation » des lieux aura son répondant dans les choix de mise en scène (voir plus loin) très liés eux aussi à l'espace du plateau.

– **On ne saurait parler de l'univers du *Procès* sans parler plus précisément du traitement de la lumière. Fruit d'un travail commun entre Welles et son chef-opérateur[1], Edmond**

1. Le chef-opérateur est le technicien plasticien le plus proche du réalisateur car il fait avec lui les choix photographiques du film et l'aide à concrétiser son « climat

Richard, la lumière du film se décline en plusieurs types, à partir d'une ligne esthétique. Les sources de lumières artificielles sont nombreuses, depuis l'unique plafonnier du débarras aux tortures (séquence 9, voir supra), en passant par les innombrables bougies de l'appartement de l'avocat (séquence 11) jusqu'au faisceau lumineux de la lanterne magique (séquence 19). Elles créent des clairs obscurs et des ombres toujours exagérées et surtout inventent un espace labyrinthique dans lequel K. se perd. **C'est ainsi que naît le fantastique :**

« *De quoi naît la peur au cinéma ? De la double menace, toujours suspendue au-dessus de la tête du spectateur, d'un blanc trop lumineux et d'un noir trop profond. Une lumière si éblouissante qu'il serait impossible de regarder l'écran en face pour y voir des images ; un noir si impénétrable qu'il pourrait bien virer au coma dépassé d'un sommeil sans rêves*[1]... ».

Jointe à la profondeur de champ élevée rendue possible par l'ouverture appropriée du diaphragme de l'objectif, la lumière va créer des sous-espaces dans le fond de l'image (séquence 14, visite du tribunal avec l'huissier). Lorsqu'il n'est plus en studio, Welles continue à photographier les lieux de manière délibérément non réaliste : on se reportera ou à la séquence 6 (Miss Pittl) ou à la séquence 20 (exécution de K). Dans cette dernière, on verra à l'œuvre le travail expressionniste hors du studio qui éclaire les perspectives pour renforcer la masse des immeubles ou des maisons ; toutefois, on remarquera que dans les toutes dernières images (au moment des derniers instants de K), alors que la nuit est partie et que le jour se lève, une lumière « Nouvelle Vague »

visuel ». Toute la chaîne de fabrication de l'image (choix de la pellicule, de l'optique, du tirage en laboratoire) le concerne. On écoutera à ce sujet avec intérêt les propos d'Edmond Richard, chef-opérateur de Welles pour *Le Procès* dans les suppléments du DVD du film.

1. Gérard Legrand in *Catalogue de l'exposition Georges Franju* (La Villette).

l'emporte : par delà une image quasi documentaire ou brute du réel, l'image « recherche, dans la réalité même, les états de lumière signifiant l'inévidence du réel, cette opacité ou ce mystère du monde et de l'existence, comme ceux des magmas lumineux urbains[1]... » Cette ligne esthétique expressionniste et baroque prend appui sur la lumière expressionniste allemande[2] qui va forger la lumière classique codifiée par les studios hollywoodiens dans les années 30. Welles s'y réfère la plupart du temps et bifurque vers une tendance plus baroque, comme l'explique le chef opérateur Fabrice Revault d'Allonnes[3] pour mettre en scène un monde insensé : la lumière contribue au pandémonium[4] absurde et fou de la justice. Pour évaluer la postérité de ce travail de la lumière interprétant l'univers de Kafka, on pourra se reporter à *Shadows and fog* (1991) de Woody Allen et *Kafka* (1991) de Steven Soderbergh, tous les deux, avec deux tempéraments différents, exercices de style essayant de traduire l'univers de Franz Kafka à partir des choix expressionnistes de la lumière.

– **Enfin, pour contribuer à dramatiser cet univers, les choix de la bande son pourront être analysés** : à côté de la réverbération des voix qui entérine la démesure des lieux (l'appel de K. au sortir du tunnel par l'ecclésiastique), Welles caractérise lieux et personnages par des bruitages spécifiques qui apportent une dimension fantastique ou étrange : ainsi le cliquetis infini des machines à écrire de la banque (séquence 5), les aboiements de chien et les cloches dans le terrain vague traversé par K. et Miss Pittl ou encore les rires

1. Fabrice Revault d'Allonnes, *La lumière au cinéma* « Essais », Cahiers du cinéma.
2. Mise au point par les réalisateurs allemands (Georg Wilhelm Pabst, Friedrich Wilhelm Murnau) et leurs chefs opérateurs (Günter Krampf, Fritz Arno Wagner), ce type de lumière favorisait la théâtralisation et la dramatisation de l'action par de forts contrastes et des noirs et blancs tranchés (*Nosferatu* de Murnau en 1922 ou *Loulou* de Pabst en 1929).
3. *La lumière au cinéma*, « Essais », Cahiers du cinéma.
4. « Lieu où règnent la corruption et le désordre » (Petit Robert).

crispant des fillettes qui courent après Joseph. Par un effet de « mickey-mousing[1] », la musique sérielle de Jean Ledrut élargit la dimension sonore des bruitages vers plus d'abstraction étrange (séquence 14 : visite des combles du palais de justice avec l'huissier). On l'entendra à l'œuvre seule ou en mixage avec l'Adagio d'Albinoni, aboutissant à une cacophonie signifiant le désordre mental de K. Quant à l'Adagio, leitmotiv du film, il est lié à la légende de *Devant la Loi,* accentuant ainsi son caractère biblique, voire sacré, du texte fondateur du film. Son tempo lent et finalement lancinant signale à chaque fois dans le film la fatalité de la Loi et le destin tragique de K[2]. Par un effet d'étrange mixage, surgit parfois du jazz (séquence 13) soulignant le mélange des genres, l'ironie et le drame, la modernité et l'éternité.

La caractérisation et la mise en scène des personnages

Certains critiques ont pu dire que la vraie vedette du film de Welles c'est le décor. Comme on vient de le voir, c'est dans la création d'un univers foisonnant que s'est exercée la force créatrice du cinéaste. Il reste que incarner à l'écran Joseph K. était un autre défi, aussi grand que celui du décor. Jacqueline Nacache présente ainsi l'enjeu du passage du héros de roman au héros de cinéma :

1. Frontière poreuse entre musique et bruitage comme l'illustration sonore des dessins animés (néologisme fabriqué à partir des dessins animés de Mickey Mouse réalisés par Walt Disney).
2. Un an après *The Trial,* en 1963, Pier Paolo Pasolini (qui fera jouer à Orson Welles le rôle du réalisateur dans son film *La ricotta,* sketch du film collectif *Rogopag*), utilisera à son tour l'Adagio d'Albinoni dans son documentaire *La Rabbia,* « dénonciation marxiste » de la société comme il le disait lui-même, à travers une lecture personnelle des grands événements du 20e siècle.

« Le roman peut se permettre de nuancer à l'infini les modalités de l'apparition du personnage : un simple nom, voire un pronom, une forme, une voix, une tache de couleur. ***Le personnage littéraire*** *est un signe vide qui se remplit peu à peu par une accumulation de déterminations... Au contraire, incarné par un acteur,* ***le personnage filmique*** *doit assumer la plénitude physique de l'apparition, immédiate et inévitable... Puis l'acteur arrive enfin et avec lui l'afflux de* ***caractérisation***[1] *... De toute évidence ce n'est pas l'acteur même que nous voyons à l'écran mais une image modelée en fonction d'objectifs précis ; c'est un être iconique, une représentation visuelle et sonore extrêmement complexe*[2]*... »*

Comment incarner le personnage du roman de Kafka ? En effet l'écrivain n'a pas créé un héros de roman classique, pourvu d'une physionomie précise et d'un profil psychologique spécifique. Au contraire, ce héros sans visage ni signes particuliers, n'existe que par sa situation dont on nous raconte comment elle est vécue plutôt que par qui elle est vécue.

La première apparition de K. dans le film de Welles sera celle d'**un dormeur** arraché de la torpeur de la nuit et qui navigue dans sa chambre encore dans les brumes du sommeil. Dès cet instant, il y aura peu d'écart entre rêve et réalité : « *Le Procès* est un rêve éveillé qui obéit à sa seule logique onirique et les événements, si étranges soient-ils, doivent être admis comme tels[3] ». Mais cela ne veut pas dire que le personnage va agir dans la nonchalance ou l'anesthésie du rêve. Les tout premiers traits de caractère de K. développés par Welles et, on le verra, par le jeu d'Anthony Perkins, sont la vivacité et la décision. En effet, au contraire du personnage « en creux » de Kafka, uniquement conduit par la curiosité, Welles bâtit alors **un Joseph K. déterminé à vérifier la validité de son procès**. Il va donc caractériser son personnage

1. « C'est l'art de créer des personnages. Le travail de caractérisation ne consiste pas uniquement à concevoir des personnages mais aussi à mettre leur personnalité en scène ». Yves Lavandier, *La dramaturgie,* Le clown et l'enfant éditeur, 1997, p. 472.
2. *L'acteur de cinéma,* Nathan, 2003, p. 90.
3. Elsa Nagel, *L'art du mensonge et de la vérité*, L'Harmattan, p. 35.

dans ce sens. Comme ce qui caractérise le plus un personnage ce sont ses actions, Welles choisit des situations caractéristiques pour définir K[1]. Il n'hésite pas à lui faire enfoncer la porte de l'avocat à la fin de la séquence 17. Ou encore, avant de laisser sortir K. étouffant dans son atelier, le peintre Titorelli tente de lui vendre une de ses toiles : « Tenez, regardez celle-ci, très moderne comme vous voyez. De la peinture affective. Je l'ai intitulée : ***Nature indomptée*** ». K. regarde rapidement la toile et répond, pressé : « Je l'achète ». Ce clin d'œil est entériné par le vocabulaire mis dans la bouche de K. par Welles. À l'huissier qui lui demande d'enlever à son tour sa femme au juge, il répond : « Je n'ai pas **peur**. Croyez-moi, ce n'est pas en tant qu'homme que j'ai **peur** de lui, pas plus que je n'ai **peur** d'aucun d'entre eux, mais il peut avoir de l'influence... » (à ce moment précis, le K. de Kafka ne parle que de redouter l'influence du juge sur son procès) ; à la séquence 19, il dit à l'avocat « Je n'ai qu'une alternative : me défendre moi-même ou vous **défier** ». L'avocat lui répond « Défier la cour ? » (Welles a supprimé l'ultime répartie de K : « Vous défier tous »). Enfin, derniers signes d'un être actif, suprême ironie d'un homme écrasé par la justice aveugle, le rire de K. et son ultime embryon de geste avant l'explosion finale qui le fera mourir, doivent être relevés : « Grande plongée sur K. qui éclate de rire. Contre plongée sur les policiers qui lancent le paquet de dynamite dans la direction du trou... Plongée sur K. qui rit toujours. Son rire résonne en off sur un gros plan du paquet de dynamite tombant près de lui... Gros plan dynamite : la mèche allumée se raccourcit. **Plan plongée ultra rapide sur K. qui se baisse, ramasse quelque chose (un caillou ? Le paquet de dynamite ?) et amorce le geste de lancer l'objet**... Vue générale du terrain vague nu (Rire off de K) et explosions[2]... »

1. Les exemples qui suivent sont empruntés à l'analyse du *Procès* proposée par l'association *Cinéma parlant* publiée sur le site internet http ://membres.lycos.fr
2. Extrait du scénario original du film et du découpage après montage, *L'Avant-Scène* numéro 23 du 15 février 1963, p. 56.

Jacqueline Nacache attirait notre attention sur la relation entre le personnage et l'acteur (voir supra). On pourra donc aussi s'arrêter sur **le choix d'Anthony Perkins pour incarner Joseph K.** Co-production franco-italo-allemande, le film devait donc avoir une distribution respectant ce montage international. Aux vedettes françaises — Jeanne Moreau, Fernand Ledoux, Suzanne Flon, Madeleine Robinson et Michael Lonsdale — Welles y adjoint quelques acteurs fétiches — Akim Tamiroff — et surtout choisit Anthony Perkins, tout frais sorti du *Psycho* d'Alfred Hitchcock (1960) où son interprétation hallucinante du psychopathe Norman Bates venait de le rendre célèbre (mais allait figer sa carrière dans ce type de rôle). Perkins a-t-il transporté dans *Le Procès* son caractère oscillant entre folie et normalité ? A-t-il, comme certains l'ont vu une troublante ressemblance physique avec Kafka lui-même ? Ce qui semble plus probant, c'est le jeu de l'acteur dont on pourra relever quelques aspects : son corps dégingandé, dont la taille filiforme est accentuée par la contre plongée et la courte focale, met en valeur sa gestuelle appuyée qui tantôt souligne sa décision (les bras entraînent le corps dans ses marches déterminées), tantôt souligne sa perplexité (les mains se frottent et hésitent). Cette gestuelle, jointe au costume noir et permanent de l'employé, peut, en revanche, rappeler les dessins austères de Kafka à la plume illustrant son *Procès* où l'on voit par exemple K, la tête entre les mains, assis à une table, écrasé par le point de vue en plongée[1]. Ce sont aussi les mains de K. qui seront retenues par les bras-tentacules des sous-inspecteurs « torturés » dans le cagibi de la banque : cette conclusion à la même scène puisée dans le roman est un ajout scénographique de Welles. Elle définit en quelques secondes d'une manière symbolique ce qu'est le sentiment de culpabilité.

À côté de K. tourne une constellation de personnages qu'on pourra étudier. Mais c'est **le personnage de l'avocat** qui attire enfin notre attention, d'abord parce qu'il est joué par Orson

1. On pourra les consulter sur le site internet http ://www.kafka-franz.com

Welles lui-même et ensuite justement parce qu'il incarne **la mise en scène.** Tirée de l'origine théâtrale de l'expression (disposer entrées, sorties, déplacements des corps dans l'espace du plateau), la mise en scène concerne pleinement Welles qui fut d'abord acteur de théâtre. Il pense et réalise tous les choix spatiaux techniques (découpage, cadrage, paramètres de l'image) qui servent les relations physiques et morales entre les personnages. On a vu comment Welles-l'avocat puis Welles-le montreur des images de *Devant la Loi* irrigue tout le film ; d'abord une voix (prologue), ensuite un monstre couché au fond de son lit (séquence 11), enfin un juge projectionniste qui fait accoucher K. de sa culpabilité (séquence 19). Une scène résume bien ce pouvoir de scénographe de Welles : l'humiliation de Bloch (séquence 17). L'avocat et l'accusé d'une certaine manière « surjouent » leurs rôles et transforment la scène en petit spectacle tragico-comique : Bloch appelle l'avocat « Maître » (qui est bien sûr ici entendu surtout dans le sens du propriétaire d'un esclave), bredouille de peur, rampe et vient embrasser la main de son soi disant défenseur ; quant à l'avocat, après avoir annoncé à K. « Je crois qu'il est temps de vous montrer comment on traite un accusé », il pratique la torture oratoire avec talent et écrase Bloch de toute sa morgue. Bien sûr les plongées et contre plongées renforcent la farce qui se joue[1].

1. On visionnera d'autres films d'Orson Welles, particulièrement *Citizen Kane, Touch of Evil et* l'un de ses trois films shakespeariens *Macbeth, Othello* ou *Falstaff.* On pourra y reconnaître des éléments du style cinématographique de Welles, comme par exemple : *Citizen Kane* pour la composition du film et l'invention plastique ; *Touch of Evil* pour le plan séquence ou l'utilisation des codes du film noir ; *Othello,* par exemple, pour l'emprisonnement du héros dans le délire du décor (salles voûtées, colonnes, couloirs...). Quant au thème, la question de l'identité pourrait rapprocher des personnages aussi différents que Othello, Charles Foster Kane ou Quinlan, inspecteur traqué ou policier devenu suspect *(Touch of Evil).*

Analyse de séquences : Maître Albert Hastler (11), Leni (12)

On commencera l'analyse d'une séquence placée dans la continuité du film en donnant sa situation dans le schéma narratif d'ensemble, avant d'en préciser les enjeux en introduction. Puis on opérera comme précédemment (cf. page 70) : décrire l'extrait, interroger, à partir des choix les plus remarquables de la mise en scène, ce qu'ils suggèrent de l'action en cours, et proposer une hypothèse sur la signification de l'ensemble du fragment et sa relation avec la suite.

1– K. commence sa deuxième journée de prévenu à la banque par une rencontre culpabilisante dans le petit débarras de la banque : les deux policiers qu'il a accusés du vol de ses chemises sont torturés par un supérieur. Son oncle lui rend visite et à son tour s'inquiète de son inculpation qui risque de ternir la famille. Il le conduit chez son ami l'avocat Hastler.

2– Placées à peu près au centre du film (48e minute), ces deux séquences (11 et 12) sont une plaque tournante du récit. En effet, alors que jusque là l'action de K. pouvait être facilement repérée dans le temps (deux journées bien remplies se sont déroulées depuis son inculpation), après cette première rencontre avec l'avocat les repères temporels vont être plus diffus, voire absents. Comme on l'a vu (voir 1re partie), le récit passera dans une temporalité mentale et se diluera dans la course effrénée de K. dans l'espace judiciaire. Comme un sas, la maison et la rencontre avec l'avocat fait passer à K. une frontière. Elle est le microcosme de la justice : architecture labyrinthique, objets emblématiques (miroirs, bureaux, dossiers, clef), personnages types (Bloch le client inculpé, Leni la créature de l'homme de loi) et bien sûr avocat… Mais, plutôt que de donner une image officielle, lisse et triomphante de la justice, on n'en verra ici que les coulisses ou l'envers du décor. L'entrée de K. dans cet univers est donc essentiel. **Qu'est-ce qui se joue entre l'avocat, Leni et Joseph K. ?**

3– K. et son oncle se présentent à la porte de l'avocat. Leni, son infirmière et sa maîtresse, leur ouvre. L'orage gronde et la maison, un dédale de pièces en enfilade et en recoins, est éclairée par des centaines de bougies. Leni conduit Max et son neveu dans la chambre de l'avocat alité. **Lorsqu'il apprend que l'affaire concerne K, il arrête de jouer les malades et se relève, puissant et glorieux : il est déjà au courant de l'affaire par le greffier de la cour qui est là assis au fond de la pièce.** À la demande de l'avocat, Leni sort de la pièce bientôt suivie par K, attiré par un bruit de verre brisé.

En travelling avant pour mesurer le dédale de l'appartement, en plans fixes, contre plongée et courte focale pour mettre en scène l'encombrement, nous traversons les pièces dont l'immensité peut s'évaluer à la réverbération des voix. L'orage et la nuit valorisent la lumière des bougies qui dessine les ombres des personnages. L'arrivée dans la chambre de l'avocat est véritablement une arrivée dans le saint des saints : le lit torsadé, sur une estrade, se reflète dans une glace au plafond. L'apparition de l'avocat est celle d'un dieu sur l'Olympe, car il apparaît dans un nuage de fumée (d'abord un cigare puis une serviette chaude) et retarde son dévoilement ; mais ce dieu est plutôt ridicule (il est couché) et coquin (il lutine son infirmière). On pense un instant, non pas à la chambre d'un avocat mais à un lupanar. Créature complice de l'avocat (elle échange des clins d'œil secrets avec lui, il l'appelle « Leni chérie »), l'infirmière Leni commence ses approches provocantes de K. (coup de genou dans les jambes). Mais l'avocat change de ton rapidement lorsqu'il apprend l'identité de son nouveau client ; le « malade » se lève et la caméra aussi, cadrant en plongée K. dominé par l'avocat qui entre dans sa peau de grand manipulateur, accompagné de coups de tonnerre. La musique sérielle lance quelques accords inquiétants. La découverte du greffier en chef (Fernand Ledoux qui ne dira presque rien, mais qui par son seul physique dira la misère des gratte-papiers de la justice), repoussé au fond de la chambre aussi nette que l'avocat au premier plan (construction permanente chez Welles qui fait dialoguer ou s'opposer grâce aux effets optiques du diaphragme et de la courte focale ce qui est près et ce qui est au fond de l'espace filmé). Cette figure du greffier assis, toujours couvert de son manteau, est, comme Bloch (séquence 12) dans sa petite chambre assis sur son lit, un avatar de l'homme de *Devant la Loi :* il attend à la porte, les bonnes volontés de la loi, à ses pieds.

– Leni, qui s'était retirée (« Leni, mon petit, tu peux nous laisser ») brise une glace pour attirer K. Il la retrouve dans l'une des nombreuses pièces de l'appartement. Elle lui met alors le manteau de l'avocat sur les épaules. Elle lui propose de faire l'amour car elle le voit inquiet. Elle lui montre sa main palmée et l'entraîne sur des monceaux de dossiers à même le sol comme sur un lit. Face à un des nombreux portraits du juge (à moins que ce ne soit toujours le même) posé à l'envers par terre, Leni dénonce la vanité du juge. Comme l'avocat appelle Leni, ils se lèvent brusquement et se séparent : K. court dans un couloir et découvre un homme assis dans le noir, l'air abattu. Leni remet une clef à K. et le fait sortir par derrière.

C'est ici que l'idée de l'envers du décor de la justice prend tout son sens : dossiers en vrac par terre, tableau de l'avocat à l'envers au sol, tentative de séduction de l'inculpé par la créature de l'avocat. Sa main palmée, sa séduction perverse de K. la place du côté de **l'être bestial, maléfique et enjôleur** qui tente de ramener K. à la raison mais avec d'autres arguments et sur un autre ton :

> *« C'est ton entêtement et tes récriminations qui te nuisent... À la première occasion, tu devrais faire des aveux complets. Sinon, tu ne pourras jamais leur échapper. Tu resteras sous leur emprise. À tout jamais ».*

Ce passage de l'autre côté du miroir s'est fait bien sûr dans le corridor aux miroirs (figures récurrentes eux aussi de l'univers de Welles, qu'on se souvienne des miroirs de Xanadu dans *Citizen*

Kane — 1940 — ou de la galerie des glaces du parc d'attraction de *La dame de Shanghaï — 1946*) qui a amené K. et Leni à cette rencontre mensongère dans un espace de faux-semblants.

Troisième partie

Comment le contexte historique et culturel a-t-il influencé le regard et la pensée d'Orson Welles ?

Présentant la rétrospective de l'œuvre de Welles lors du festival international du film de La Rochelle en 1999, Jean-Pierre Berthomé disait du réalisateur du *Procès* qu'« il préfère les boursouflures baroques d'une fin du monde convulsive au cauchemar plus quotidien proposé par le romancier[1] ». Cette « fin du monde convulsive » qui est celle que vit Joseph K. est, pour Welles qui l'a répété dans maints entretiens, à l'image de celle du 20e siècle et particulièrement depuis la fin de la deuxième guerre mondiale. **L'adaptation d'un texte littéraire au cinéma est aussi un transfert** qui touche effectivement, dit Francis Vanoye, « le point de vue, le regard, parce qu'il concerne la sensibilité, **le mode d'intelligence des choses d'une époque**, parce qu'il est **un changement obligé de perspective**[2] ». Plus précisément, Welles a donc transféré le récit de Joseph K. du contexte historique et culturel du début du 20e siècle (les textes du *Procès* ont été composés de l'été 1914 aux premiers mois de 1915) dans celui de la deuxième moitié de ce même siècle (le *Procès* a été tourné en 1962). On sait que trois événements dominent la vie de Kafka en 1914 et président donc à la création de l'histoire cauchemardesque de K : la guerre, qui se profile à travers des défilés patriotiques, suscitant son hostilité et son mépris ; ses relations, placées sous le signe du désespoir, avec son amie Felice Bauer qui se concrétisent par des fiançailles peu après rompues ; l'écriture, son seul refuge, mais qui portera la marque de ses soucis sentimentaux et des angoisses de la guerre, puisque *Le Procès* ne restera qu'à l'état fragmentaire.

Quelles traces porte le film d'Orson Welles du contexte social, historique, culturel et esthétique du monde issu de 1945 ? Comment son adaptation du roman de Kafka, qu'on a vu (voir première et deuxième partie) en même temps si fidèle à la trame de l'action et si nourrie de toutes sortes de marques

---

1. Catalogue du festival international du film de La Rochelle 1999, p. 23.
2. Francis Vanoye, *Scénarios modèles, modèles de scénarios*, Nathan, p. 151.

d'appropriation, a-t-elle permis le développement de ses thèmes favoris et sa conception de l'art cinématographique ?

Le Procès est traversé par le contexte socio-historique des années 50

Le film porte trois types de traces de ces années ; l'une, plus ancienne mais qui a durablement marqué : la guerre de 39-45 ; les autres, plus récentes, qu'on peut voir comme les séquelles du deuxième conflit mondial, s'incarnent dans la guerre froide[1], les permanences d'états autoritaires, ou encore des manifestations d'intolérance ou d'atteinte à la liberté d'opinion comme la « chasse aux sorcières » aux États-Unis[2] ; la dernière enfin est le développement d'une société dominée par la modernité technologique et ses séquelles sur la liberté de l'homme. Avant de donner des exemples de ces traces dans le film, on se rappellera que Welles avait milité pour le camp démocrate en 1940 pour défendre la candidature de Roosevelt à la présidence des États-Unis.

1. La guerre froide divisa après la deuxième guerre mondiale le monde en deux blocs qui se livrèrent à une compétition politique, économique et idéologique : le bloc communiste, sous la houlette de l'URSS et le bloc libéral avec les États-Unis. Dès 1947, la politique américaine de « containment » — confinement — lance, sur son propre territoire, un arrêt à l'expansion communiste. L'affrontement avait lieu d'une manière interposée, comme par exemple en Corée où débuta en juin 1950 une guerre née de la bipartition du pays entre soviétiques et américains. Il se manifeste aussi dans le développement de l'espionnage et des agents secrets. Le Pacte de Varsovie en 1955 est aussi un moment important de cette guerre froide puisqu'il soude toute l'Europe de l'Est autour de l'URSS en réponse à l'Otan qui rassemblait Europe de l'Ouest et États-Unis. Enfin, l'érection en 1961 du mur de Berlin est l'ultime manifestation de cette guerre larvée.
2. La « chasse aux sorcières » : le comité des activités anti-américaines dirigé par le sénateur Joseph Mac Carthy obligea scénaristes, réalisateurs et techniciens du monde du cinéma américain à déclarer s'ils étaient communistes ou non. Dix d'entre eux refusèrent de répondre et furent condamnés à un an de prison pour outrage au Congrès et inscrits sur une liste noire (200 noms à peu près) qui les vouait au chômage ou à l'exil.

– **L'univers du *Procès*** est hanté par les traces de la deuxième guerre mondiale, notamment l'Holocauste[1] : la traversée de la place à la statue voilée et aux êtres mi-nus, décharnés et numérotés qui la hantent (séquence 7) en est l'exemple le plus fort. Ce plan porte dans son silence, son irruption inopinée et son inutilité apparente à la chronologie narrative, les signes du rêve cauchemardesque. K. le traverse en silence comme paralysé. Le sentiment du temps est très fortement donné par le contraste entre l'immobilité des figures humaines présentes et le mouvement décidé de K. qui traverse la place. Son symbolisme passe d'abord dans le voile que porte la statue (que K. croisera à nouveau à la séquence 20, alors qu'il part au supplice), suaire anonymant la statue comme si elle était baillonnée, et bien sûr aussi par les êtres qui hantent la place, figures des déportés de l'Holocauste (le peintre Titorelli porte lui aussi une tunique-pyjama de déporté). Elsa Nagel parle au sujet de ce plan d'une « image-temps des systèmes concentrationnaires », réutilisant l'expression de Gilles Deleuze[2]. Sa place dans le montage séquentiel sonne comme un signal morbide au début du parcours du prévenu Joseph K. On pourra voir dans les diverses rencontres d'accusés par K. dans les couloirs de la justice (séquences 14 et 18) la prolongation de ce thème : même groupe d'hommes vidés de leur personnalité, abattus et obéissants. Le motif de la prison qui circule tout au long du film participe de cet ancrage historique.

– **La mise en scène de l'appareil judiciaire et policier du *Procès*** est l'illustration du regard de Welles sur les suites du deuxième conflit mondial du 20e siècle. Cela commence par l'inculpation de K. (voir analyse de la séquence 2 page 106), archétype de l'intrusion d'un état autoritaire dans la vie privée d'un citoyen, symbole de l'ère du soupçon qui règne dans cette société, inspirée des méthodes maccarthystes ou encore de la

1. L'Holocauste : l'extermination des Juifs entreprise par la sinistre « solution finale » hitlérienne.
2. Elsa Nagel *L'art du mensonge et de la vérité*, L'Harmattan, p. 69.

bureaucratie stalinienne. Cela continue par la parodie d'interrogatoire (séquence 8) où tout transpire la comédie de la justice — qu'on se rappelle l'affaire Rosenberg qui fut la manifestation la plus symbolique de la guerre froide au sein de la société américaine[1] — dans son dispositif spatial, les questions saugrenues du président, les réactions intempestives et à contre temps de la salle, la chute incongrue et burlesque de l'audition (Hilda se fait harceler sexuellement par l'étudiant en pleine audience). On notera aussi l'argumentaire de K : « Mon arrestation, aussi bien que les conditions de cet interrogatoire, démontrent clairement l'existence d'une vaste et puissante **organisation** » : paranoïaque peut être mais aussi lucide, cette remarque de K. décrit bien l'état policier et ses ramifications dans la société des pays totalitaires.

– **L'exécution de K.** ne se fera pas au couteau comme dans le roman, même si elle en prend le chemin ; l'indécision des bourreaux chez Kafka donnera lieu au même jeu de politesse macabre chez Welles mais la solution finale passera par un bâton de dynamite. Welles, comme Hitchcock, a beaucoup commenté ses films. Sur cette fin du *Procès*, il explique son travail de création par rapport à Kafka et montre justement **comment le contexte historique a pesé sur sa relecture du roman** : « La fin du roman, dit-il, ne me plaît pas. Après la mort de 6 millions de juifs, K. ne dirait pas cela. Il me semble que c'est du pré-Auschwitz. Je ne veux pas dire que ma fin était bonne, mais c'était la seule solution[2] ». Les policiers qui sont ses bourreaux empruntent au

1. Ethel et Julius Rosenberg sont exécutés le 19 juin 1953 pour avoir été reconnus coupables d'avoir livrés des secrets atomiques à l'URSS. Condamnés à mort en avril 1951 malgré des preuves fragiles, ils passeront les deux ans qui les séparent de la mort, de procédure en procédure, à essayer de se défendre.
2. Dans le roman, K aperçoit quelqu'un à une fenêtre et dit : « Qui était-ce ? Un ami ? Un être bon ? Un être compatissant ? Quelqu'un qui voulait l'aider ? Était-ce quelqu'un de seul ? Tout le monde l'était-il ? Y avait-il encore un secours ? Y avait-il des objections qu'on avait oubliées ? Bien sûr, il y en avait. La logique a beau être inébranlable, elle ne résiste pas à quelqu'un qui veut vivre. Où était le juge qu'il n'avait jamais vu ? Où était le haut tribunal auquel il n'avait jamais accédé ? Il leva les mains en écartant tous ses doigts ». Welles a donc préféré, devant l'injustice de

film noir leur accoutrement (chapeau, imperméable), à l'apparence des espions ou des membres des polices spéciales de l'Europe de l'Est des années 60, aux duos des jumeaux de bandes dessinées ou de films burlesques et enfin aux gangsters ou aux maffieux qui ne trouvent de solution qu'en faisant parler la poudre. Référence à la bombe atomique[1] ? Peut-être mais surtout, sans nulle doute, renvoi à une image de guerre, comme on pouvait en voir dans les années 60 dans les guerres d'indépendance ou de décolonisation comme celle d'Algérie ou du Vietnam dans laquelle allaient s'enliser les États-Unis[2].

– **L'oppression de l'individu dans la société moderne** prend diverses formes dans *Le Procès.* Elle se manifeste surtout dans la mise en scène symbolique de l'entreprise où travaille K. D'abord **le hall aux 700 bureaux de dactylos** dont le cliquetis compose avec l'adagio d'Albinoni une étrange cacophonie et que Welles fait traverser ou longer par K. Il donne lieu à des plans à la grue virtuoses démarrant du sol et découvrant dans un bref travelling vertical le gigantisme du lieu rappelant *Métropolis* de Fritz Lang (1927). En effet le bureau kafkaïen prend ici plutôt l'allure d'une usine à la chaîne. La perspective, renforcée par les alignements géométriques des bureaux et le tapis central, démultiplie le

cette mort, répondre par une escalade visuelle, celle de l'explosion ; K n'a plus le temps de parler comme chez Kafka, il tente d'agir (on le voit de loin lever un bras qui s'empare de quelque chose, mais n'aura pas le temps de l'achever).

1. La même année que *Le Procès* sort, sur le thème de la peur de la bombe atomique (cette fois sans hésitation : voir ci-dessous la note 2) *Doctor Strangelove or How I learned to stop worrying and love the bomb* (*Docteur Folamour)* de Stanley Kubrick.
2. Les images de l'explosion finale ont fait naître une polémique : certains critiques ont vu dans ce plan l'image de la bombe atomique qui hantait le monde dans les années 60. Le directeur de la photographie du film, Edmond Richard, entérine cette signification en racontant dans le supplément du DVD comment cette scène a été tournée et voulue par Welles pour obtenir l'effet du champignon nucléaire. Mais Welles a réfuté dans son livre d'entretien avec Peter Bogdanovich (*Moi, Orson Welles*, éditions Belfond, 1993) cette version : « Je ne voulais pas que cela fasse penser à une bombe atomique... C'est de la mauvaise rhétorique... » (p. 293). Lors de la ressortie du film en 1984, le plan de l'explosion n'est plus le dernier du film ; on revoit celui du dernier tableau de *Devant la Loi.*

vertige de la courte focale qui déforme les bords comme pour ramener au centre de l'image ce qui se trouvait sur les côtés (on pourra voir dans les suppléments du DVD une scène coupée où K. saute sur les bureaux de dactylo comme un enfant joue à la marelle). Puis, **le « computateur », ordinateur géant,** qui bien sûr n'existe pas dans le roman de Kafka (que le scénario appelle « cerveau électronique ») et qui occupe toute une galerie de l'entreprise : l'objet avait plus d'importance dans le scénario initial puisqu'une longue séquence, disparue dans le montage définitif, s'organisait autour de lui entre le retour à la banque de K. après sa rencontre avec Irmie (séquence 15) et son retour chez l'avocat (séquence 16). Servie par une technicienne (« Vaguement inquiétante, immuable, cette vénérable dame de science est du type classique de prêtresse servant un millénaire et puissant mystère », disait le scénario de Welles), la machine (au pied de laquelle la femme posait un bol de lait comme pour lui donner à manger !) ne pouvait donner qu'une carte à trous en réponse à K. qui l'avait interrogé sur le crime qu'il aurait commis. Interrogée sur le sens de ce code, la technicienne répondait : « Le suicide ». Cette séquence renforçait indéniablement la critique de Welles envers la robotique rampante des années 60 et inscrivait davantage le film dans le genre de la science-fiction (on pense à l'ordinateur HAL 9000, personnage clef de *2001, a Space Odyssey* de Stanley Kubrick, 1968). Elle s'achevait sur une troisième rencontre entre K. et les hommes du débarras aux tortures qui prenait alors l'allure d'un vrai gag récurrent[1]. Ce qui reste de la figure de l'ordinateur se trouve à la séquence 10 : l'oncle Max est admiratif devant la machine et attend d'elle qu'elle aide son neveu à comprendre ce qui lui arrive. La réponse de K. à son oncle permet à Welles de

1. Un gag récurrent ou « *running gag* » : à force de revenir plusieurs fois dans le film, avec de légères variations, la même scène devient burlesque. Le cinéma burlesque justement en propose des exemples nombreux comme par exemple dans *Le cameraman* de Buster Keaton (États-Unis, 1928) ; Buster y est confronté une dizaine de fois à la porte d'entrée des bureaux de la MGM, porte qui lui occasionne à chaque fois des problèmes différents.

renforcer le caractère diffus et incompréhensible de l'inculpation de K : « Il lui faut des données précises, économiques, sociologiques, psychologiques. Elle devrait pourtant pouvoir y arriver, elle arrive bien à faire des tests de personnalité ». Youssef Ishaghpour résume le rapport direct entre *Le Procès* et la société de l'époque :

> *« L'ordre New Deal, le capitalisme d'organisation, sans le libéralisme politique qui l'accompagnait… s'était transformé en une conformité devenue règle et obligatoire, en un état sécuritaire et bureaucratique avec des citoyens « administrés », transformés en « clients » de l'état… produisant un nouveau genre d'homme que les Américains ont appelé* « the organization man[1] »

Ainsi, comme le souligne Renaud Ferrera[2], en inscrivant son film d'une manière profonde dans cet environnement social et historique des années 50, Welles modifie sensiblement le sens du roman de Kafka : de l'individuel on passe au collectif, de la culpabilité à la responsabilité.

Le Procès nourrit les thèmes et l'esthétique d'Orson Welles

Le Procès d'Orson Welles est, en quelque sorte, le film d'un banni du cinéma : **exclus des studios américains depuis longtemps, Welles fait du cinéma partout dans le monde, excepté aux États-Unis.** L'échec financier de ses premiers films, le remontage contre son gré par la RKO de *The Magnificent Ambersons* (1942) entraînent la rupture. En 1948, après son *Macbeth*, il décide de s'installer en Europe et devient un cinéaste

1. Youssef Ishaghpour, *Orson Welles cinéaste, une caméra visible, tome 1*, Éditions de la Différence.
2. *De Kafka à Welles : d'un procès, l'autre* (Présentation de l'objet d'étude *Littérature et cinéma, Le Procès de Kafka à Welles,* Direction de l'enseignement scolaire, Ministère de la Jeunesse, de l'Éducation et de la Recherche).

indépendant, producteur (ou plutôt co-producteur) de ses films qu'il financera avec ses gains d'acteur. Welles anticipe la crise des studios américains qui va se développer, avec des hauts et des bas, dans les années 50. La modernité cinématographique, qui va prendre le pas sur le cinéma classique, va se développer en Europe avec le néo-réalisme italien, la nouvelle vague française, le free cinéma britannique et quelques grands noms (Ingmar Bergman, Jean Renoir, Robert Bresson, Michelangelo Antonioni...) mais aussi aux États-Unis avec le cinéma underground et le cinéma indépendant (John Cassavetes par exemple).

Welles, qui a lancé cette modernité avec *Citizen Kane* (1940), en développe encore dans *Le Procès* quelques caractéristiques, même s'il n'en utilise pas la radicalité de tous les signes. On a déjà vu comment il contribuait à casser la transparence narrative du cinéma classique (voir 2e partie *Un narrateur démiurge*), comment la narration accumulait des « blocs de temps » qui s'amassaient au lieu de s'enchaîner chronologiquement et classiquement (surtout après le « tournant » de la visite à l'avocat Hastler à la séquence 11), comment malgré l'attachement qu'on pouvait avoir pour ses tourments et sa cause, K. n'était pas un héros de cinéma au sens traditionnel. C'est enfin et surtout dans la posture réflexive sur l'image que *Le Procès* s'inscrit pleinement dans la modernité.

La séquence 19 à la cathédrale contient toutes les clefs du film et constitue sans doute la plus forte mutation opérée par Welles par rapport au texte de Kafka. La mise en scène de la représentation du Prologue remplace dans le film la longue glose philosophique de l'ecclésiastique dans le roman.

Elle nous introduit en effet, comme dans une mise en abyme, dans la cabine de projection du film (le lieu est conçu scénographiquement par Welles comme une salle de cinéma : espace tendu de noir, table de projection avec la lanterne magique, écran blanc, il ne manque que les fauteuils). Welles, dans la peau de l'avocat devenu projectionniste de la légende *Devant la Loi*, nous dit en quelque sorte : « Ceci est un film qui se fait devant vous ». Le cinéma classique ne nous aurait pas dévoilé ce moment de la fabrique du film, il nous aurait dit avec ses artifices habituels : « Voici un monde que vous n'avez qu'à recevoir ». Et K. refuse le spectacle ; il coupe Hastler qui commence à lui raconter la légende et lui dit : « Je l'ai déjà entendue. Tout le monde l'a entendue ». Hastler l'intègre dans le tableau de la porte de la Loi et le superpose à l'homme dessiné, lui donnant la clef de son procès. Il entend d'ailleurs, d'une manière métaphorique, sa sentence (« J'ai perdu mon procès, je suis responsable »). Et, pris au piège, il s'interpose dans le faisceau lumineux et dénonce le mensonge de cette représentation érigée, dit-il, « en un principe fondamental ». D'un côté le spectateur entre dans l'écran, de l'autre il en voit sortir le personnage principal : ce phénomène de magie du spectacle cinématographique puis son dévoilement est donc au cœur de la séquence[1].

K. dénonce ici le défilement inexorable des images de son procès : « Ce à quoi s'attelle précisément *Le Procès*, c'est l'assemblage des fables et des images qui fondent et garantissent la loi.. » explique Renaud Ferrera[2]. Il termine en disant que Welles pose « avec force la question de la responsabilité collective des systèmes de représentation » et qu'il « a le courage dans *Le Procès* de prendre le médium cinéma comme la métaphore même du mensonge et de la construction idéologiques[3] ». N'entend-on pas

1. Woody Allen dans son film *The Purple Rose of Caïro* (1985) propose la même réflexion sur le ton de la comédie fantastique : pendant la projection de *La rose pourpre du Caire* qu'elle revoit pour la énième fois, Cécilia, serveuse dans un café, voit le héros du film Tom Baxter, sortir de l'écran et venir la rejoindre. C'est le début d'une idylle sans issue car Tom n'est qu'une image. Mais la production du film qui veut récupérer son personnage envoie l'acteur Gil Shepherd pour persuader Tom de rentrer dans l'écran. Cecilia tombe amoureuse de Gil qui lui promet de l'emmener à Hollywood avec lui. Mais un homme de chair et de sang n'a pas autant de parole qu'un héros de cinéma.
2. *De Kafka à Welles : d'un procès, l'autre* (Présentation de l'objet d'étude *Littérature et cinéma, Le Procès de Kafka à Welles,* Direction de l'enseignement scolaire, Ministère de la Jeunesse, de l'Éducation et de la Recherche).
3. *Ibid.*

notamment dans le commentaire de la voix off de l'avant-dernier film de Welles, *Nothing But the Truth – F for Fake* (*Vérités et mensonges,* 1973) : « En vérité, veuillez nous pardonner, nous avons contrefait cette histoire ! Mon rôle de charlatan fut de la rendre vraie... Picasso lui-même l'a dit : **L'art est un mensonge, un mensonge qui nous fait comprendre la vérité** » ?

Ainsi *Le Procès* permet à Welles de faire le constat de ce que sont pour lui les grandes idéologies à l'œuvre dans les années 60 : angoisse devant la bureaucratie, devant la déshumanisation sociale, devant la puissance totalitaire de la police et de la justice, manipulations des images, entre vérités et mensonges. Le film s'inscrit dans la continuité des thèmes traités par ses films : *La dame de Shanghaï* (1946) décrivait déjà comment un procès pouvait être une mascarade, *Othello* (1949-1952) démontait les mécanismes qui mènent l'individu au pouvoir puis à sa perte, *Confidential report (M. Arkadin,* 1954-1955) dénonçait la corruption et le pouvoir de l'argent, *La soif du mal* (1957-1958) faisait le portrait d'un policier véreux... Sans trahir Kafka, Welles ne veut pas du désespoir total et de la passivité de son héros ; il passe ainsi du renoncement kafkaïen à la nécessité d'agir, illustrant cette profession de foi : « Je suis un pessimiste complet mais je suis allergique au désespoir ».

Analyse de séquence : l'inculpation de Joseph K. (2)

1– K. se réveille en entendant le grincement de la porte qui communique avec la chambre de Mlle Bürstner. Un inspecteur apparaît. Une discussion s'amorce entre lui et l'inspecteur à propos de ses relations avec Mlle Bürstner et sur les raisons de sa présence dans sa chambre. K. se lève, s'habille, montre ses papiers. Deux autres policiers surgissent du couloir voisin. K. apprend enfin qu'il est en état d'arrestation. K. ouvre la porte de la chambre de Mlle Bürstner et découvre trois employés de sa banque en train de regarder les photos de la mère de sa voisine. Ils ont été amenés là par les policiers. La fouille continue. K.

arrache des mains des policiers des chemises qu'ils étaient en train de lui voler. Il rejoint Mme Grubach dans la cuisine.

2– Le spectateur vient d'entendre, à l'issue du prologue qui précède cette séquence, la voix off lui dire « On pourrait dire que la logique de cette histoire est la logique d'un rêve… ou d'un cauchemar ». Placée sous les auspices de cette déclaration, le réveil de K. qui lui succède restera un « rêve éveillé » ou un « réveil endormi » comme on voudra. Comment Welles met-il en scène tout ce qui désormais va se passer et qui sera **de l'ordre de l'onirisme et du fantastique** ? Cette séquence d'exposition lance immédiatement le conflit qui va articuler tout le film : **une arrestation inexplicable.** Le fragment accumule tous **les signes de l'intrusion d'un état policier dans la vie privée d'un citoyen** : quels sont-ils ? Comment les choix techniques et esthétiques de Welles y contribuent-ils ?

3– Vu avec les yeux de K, l'espace de sa chambre est déformé par les brumes du sommeil : **la notion des distances n'existe plus**, les murs ne sont plus droits mais s'évasent, et le panoramique qui suit le redressement de K. sur son lit pour passer derrière lui et voir qui vient d'entrer produit l'effet d'une caméra de surveillance qui serait, pour un peu, équipée d'un fish-eye* : il donne le sentiment de tanguer. Le policier, à la mine particulièrement patibulaire, s'introduit donc dans le rêve de K. qui, s'il est bien sûr étonné de cette présence, ne s'en inquiétera pas plus que cela ; en effet, passée une petite phase de questionnement, K. va se lever, s'habiller, comme mû par une nécessité intérieure. Cela se traduit par **une sorte d'emballement verbal**, un discours plutôt haché, et un dynamisme du corps qui commence ici la marche qui va le guider pendant tout le film jusqu'à son exécution. Cette résolution qui l'anime et va l'amener à arpenter les différentes « cases » du petit labyrinthe moderne de la pension Grubach va le pousser à la colère lorsqu'il reprendra aux policiers les chemises qu'ils lui confisquaient.

– La séquence décline de nombreux signes de l'intrusion de l'état policier dans la vie privée de K. Cette perquisition à l'aube fonctionne **comme un étau** : d'abord le premier inspecteur qui va être relayé par un second immédiatement suivi d'un troisième, sans compter le trio des collègues de bureau qui est plutôt de l'ordre du burlesque. Ils sont là pour culpabiliser K, comme chez Kafka. L'anonymat austère de leurs vêtements rejoint les codes du **film noir américain**[1], largement utilisé et parodié par Welles notamment dans *Touch of Evil* (*La soif du mal,* 1957-1958). On va donc voir se succéder **le questionnement** culpabilisant, **la non formulation du délit** au profit de **la rumeur et de la suspicion, la fouille et le relevé des déclarations** qui iront ici jusqu'au jeu tatillon et comique sur les mots (pornographie/pornographe/phonographe, ovalaire/circulaire, offensatoire/vexatoire, circonvenu/circonscrit). Ce mécanisme de conditionnement des êtres démonté ici par Welles sera aussi le sujet du film de Constantin Costa-Gavras *L'aveu* en 1967[2]. Le questionnement insistant va se concentrer sur la vie privée de K. et notamment ses relations avec Mlle Bürstner. La fouille va aussi se concentrer par exemple sur la bibliothèque de K. et nous rappellera les autodafés de livres interdits, abondamment pratiqués par les dictatures.

– Le choix technique le plus fort de Welles (outre ceux déjà signalés du grand angle, de la lumière et de la musique) est sans nulle doute celui du **rythme des plans**. Toute une première partie

1. Apparue après la seconde guerre mondiale lors de la découverte par la critique française de la production hollywoodienne des années 40-45, la dénomination « film noir » fait référence à un certain nombre de traits communs à ces œuvres : histoire d'un policier privé, présence du crime envisagé du point de vue des criminels eux-mêmes, réalisme du décor, second rôles campés avec soin, femme fatale frustrée et criminelle mi-dévoreuse, mi-dévorée, règlements de compte violents, crime mécanique et professionnel, cérémonial de la mise à mort.
2. On retrouvera effectivement l'ensemble de ces méthodes de suspicion de la police dans le film de Constantin Costa-Gavras *L'aveu* (1969) où le vice-ministre des affaires étrangères tchèque est brutalement ignoré de ses amis, tenu à l'écart des décisions, suivi par une voiture. Il finit par être arrêté et emprisonné. Les autorités policières essaieront par toutes les méthodes d'obtenir de lui des aveux fabriqués de toutes pièces.

de la séquence (irruption et dialogue avec les trois policiers) est tournée pratiquement in-extenso en un seul plan-séquence* puis le reste du fragment s'accélère lors de la découverte des trois collègues de bureau. Ce qui passe dans cette longue durée du plan (plus de 4 minutes) c'est bien sûr la restitution presque fidèle de l'écoulement du temps (donc de l'impression de réalité) qui semble effectivement ici pour K. se figer dans un mauvais rêve. Il change de rythme de vie et rentre dans un autre monde impensable : celui de la suspicion. **Ce temps douloureux tombe comme une chape de plomb sur K. qui va maintenant entrer en lutte contre lui**. Le plan-séquence n'est donc pas un procédé gratuit (il est l'une des marques du style wellésien, qu'on se souvienne de l'ouverture de *Touch of Evil*) mais une réelle adaptation de la forme au fond. Il convient d'ajouter que le plan-séquence permet de substituer au montage externe (au raccordement des plans distincts) un montage interne* au plan et pour cela met en jeu les mouvements d'appareil, le travail de la scénographie dans l'espace de l'avant à l'arrière plan. C'est ainsi que lors de ce plan-séquence K. va nous faire découvrir les espaces de sa chambre (grâce à des panoramiques et des travellings d'accompagnement de la caméra) dont on va comprendre vite **l'univers étriqué et la surveillance totale par les forces de l'ordre.**

Les policiers vont s'évanouir dans le décor et K. va se confronter d'abord avec Mme Grubach puis avec Mlle Bürnster ; son cauchemar et son exclusion sociale commencent.

Propositions de sujets

Sujets « larges » (sur 12 points)

1- *Le Procès* peut-il être considéré comme une parabole ?

Le dictionnaire *Petit Robert* définit la « parabole » (du grec *parabolé :* comparaison) comme un « récit allégorique des livres saints sous lequel se cache un enseignement. » ; il en fait le synonyme de « allégorie*, fable ».

Affirmer que le livre de Kafka est une *parabole* revient à en faire l'illustration (par le biais des mésaventures de Joseph K.) d'un message qui trouverait son origine dans un ou des « livre(s) saint(s) », soit, sachant que l'auteur est juif, *la Torah*, sans oublier l'origine commune entre la religion juive et la chrétienne qu'est (pour partie du moins) *L'Ancien Testament*. Le contexte socioculturel de la Prague du début du vingtième siècle, qui était celui de Kafka au moment de la rédaction du *Procès*, va dans le sens d'une « imprégnation mixte » de l'auteur par les deux sensibilités religieuses qui cohabitaient dans la Prague de 1914, à savoir la juive et la chrétienne (voir *aspects biographiques de l'œuvre*, p. 15).

Quel « enseignement », de type religieux, se cacherait alors sous le texte de Kafka ? La culpabilité quasi intrinsèque de K. rattache ce récit à la sensibilité juive (voir ce qu'en dit Marthe Robert in *mise en abyme de l'œuvre ; la figure du juif*, p. 14), même si rien ne dit que K. est juif... On notera que c'est dans une cathédrale, et non dans une synagogue, que lui est en partie révélé l'aspect « allégorique » de son aventure (cf. *l'apologue des Portes de la Loi* au chapitre 9). Par ailleurs, le peu d'explications que recueille K. lorsqu'il interroge les membres du Tribunal est de type juridique, même si l'on peut y voir — de manière implicite ou imagée — une allusion permanente à sa *condition d'homme*, au sens premier d'« être au monde » (cf. *Faute de Joseph K. et présence de la Loi.*). On s'interrogera avec profit sur le sens à donner à ce « tribunal suprême », invisible mais omniprésent, qui juge, condamne et exécute un être « accusé d'avance », entièrement soumis à l'arbitraire d'une *instance* qui le dépasse et demeure invisible et non nommée, tel le Dieu de *la Torah*. En ce sens, on peut effectivement voir dans *Le Procès* une allégorie de la condition humaine, placée sous le joug d'un Dieu omnipotent contre lequel la *créature* ne peut opposer aucune résistance de poids. On cherchera alors dans le texte toute allusion allant dans le sens à la fois de cette *soumission* et de cet *arbitraire*. Les accès de révolte de K. face à l'injustice qui lui est faite sont à rapprocher de la thèse d'Albert Camus, dans *L'Homme révolté* comme dans le *Mythe de Sisyphe,* où Camus inscrit très explicitement la démarche de Kafka dans son illustration de ce qu'est devenu pour lui « l'homme sans Dieu », c'est-à-dire un homme « qui voit clair et n'espère plus. ».

2- *Le Procès* est, selon certains critiques, une métaphore autobiographique. Qu'en pensez-vous ?

Fiançailles rompues, rapports conflictuels au Père, judéité, travail répétitif de bureau, initiales communes à l'auteur et à son personnage… Les *similitudes biographiques* entre Franz Kafka et son personnage Joseph K. ne manquent pas. On se montrera toutefois d'une grande prudence quant à ces rapprochements : voir à ce propos : *mise en abyme de l'œuvre, aspects autobiographiques* (p. 13 et 14), Ainsi que les travaux de M. Blanchot, E. Canetti et M. Robert sur les rapports — et leurs limites — entre la vie et l'œuvre. On opérera de même des rapprochements et on analysera des distorsions entre les événements politiques, historiques et culturels contemporains de Kafka qui ont été exploités, ou au contraire omis par lui, dans son livre (cf. absence de la ville de Prague, judéité non affirmée du personnage central, restitution partielle du milieu de la banque, présence/absence de la « famille » — cf. place et rôle du personnage de l'oncle — et interprétation possible de la *place du Père, au niveau métaphorique,* au travers de la figure du Juge Suprême du *Procès*.)

3- « Étrange et étrangement familier, absurde et banal, tel est bien l'univers que Kafka dépeint dans le *Journal* ; avec ses contradictions grossières, ses frontières aussi menaçantes qu'illusoires, sa disparité jalousement défendue... »

Pensez-vous que cette phrase, appliquée au *Journal* de Kafka, peut aussi trouver un écho dans *Le Procès* ?

– On s'attachera à montrer, dans un premier temps, la *dichotomie** entre le « familier », le « banal » de la vie de Joseph K., employé de bureau effacé vivant modestement dans une pension, en but aux exigences de sa hiérarchie, célibataire « sans histoire » et plutôt routinier (chapitre I, arrestation et chapitre 9 – début, dans la cathédrale) et l'absurdité de ce qui lui arrive : arrestation arbitraire, mais liberté conservée, convocation incertaine en lieu et heure non précisés, exécution sommaire et inattendue (chapitre 10), rencontres étranges avec des personnages équivoques, anonymes ou jouant un rôle non précisé et variable (femme d'huissier corrompue, peintre interlope, négociant servile, infirmière/maîtresse d'avocat, petites filles perverses...)

– On étudiera plus particulièrement les marques de la présence des « frontières » (portes, fenêtres, rues et immeubles, couloirs et vestibules), tous lieux de « passages » vers l'étrangeté, l'inconnu ou le danger, qui font de K. un être « déambulant » en permanence d'un *ici* inquiétant à un *ailleurs* énigmatique, tel ou tel personnage jouant chaque fois le rôle de « passeur », notamment les femmes du récit. L'aspect « illusoire » de ces « seuils » pourra être aisément montré par une analyse de la déstructuration de l'espace (la ville, les lieux changeants et dispersés du tribunal, les fausses fenêtres...), en parallèle avec l'envahissement progressif de l'« espace vital » de K. par « l'espace juridique » de son procès.

– Quant à la « disparité jalousement défendue » qui s'applique plus au *Journal* qu'au *Procès*, elle pourrait toutefois être mise en évidence par l'étude précise de ces mêmes lieux (chambre, cuisine, couloir, grenier, terrain-vague...) dont la destination première peut à tout moment changer, mettant en danger permanent celui qui s'y aventure, à savoir Joseph K. lui-même.

– On conclura par la mise en position progressive du lecteur dans une situation — proche de celle de K. — qui le désoriente par une perte des repères permanente, en le confrontant à une situation de plus en plus éloignée de la logique du réel : située par exemple « à l'autre bout de la ville », donc loin du tribunal, la mansarde du peintre Titorelli ouvre pourtant sur les couloirs du Greffe de ce même tribunal !

– On pourra également étudier, en parallèle, la désorientation spatio-temporelle puis mentale de Joseph K. confronté à cette « déréalisation » (malaises, pertes de confiance, puis soumission totale à l'absurdité de sa situation).

4- Marthe Robert décèle chez Kafka un double sentiment de culpabilité (parce qu'il est juif pour les autres, mais ne l'est pas pour sa propre conscience) qu'elle attribue en retour à son personnage Joseph K., faisant de cette double faute « la source directe de la culpabilité qui conduit Joseph K. à une destruction *sans jugement* : aussi irréfutable intérieurement qu'improuvable de l'extérieur, elle fonctionne toute seule et entraîne automatiquement sa sanction, selon un mécanisme sur lequel les arguments du droit n'ont pas plus de prise que ceux de la raison. »

Vous montrerez en quoi cette remarque résume (en partie ou en totalité) la situation du personnage principal du *Procès*. Vous ne vous limiterez pas pour cela à l'appartenance du « héros » — d'ailleurs jamais précisée par l'auteur — à la communauté juive.

– En préalable : il n'y a rien dans le récit qui permette d'affirmer que K. est juif, mais des similitudes entre l'auteur et son personnage subsistent (initiale du nom, profession, sentiment de culpabilité presque « inné » : voir biographie).

– La situation de K. répond bien aux termes employés : « destruction sans jugement » – « irréfutable » et « improuvable » – « fonctionne toute seule » – « automatiquement » – pas de prise des « arguments du droit » ni de « ceux de la raison. »

On citera pour exemples les phrases — et les moments — du livre qui vont dans ce sens et qui montrent le personnage de K. en but à un tribunal non identifié, victime d'une accusation sans fondement et entraîné dans un engrenage judiciaire « automatique » qui se justifie lui-même. L'arbitraire de la condamnation, jointe à l'absence de preuves et à l'impossibilité du prétendu « coupable » de se défendre, font de ce procès un acte aux limites de l'absurde et l'apparentent au cauchemar : invasion des lieux par le tribunal, complot permanent, enfermement progressif de l'accusé K. dans une procédure inique, car échappant à toute « raison » comme à tout argument de type « juridique », exécution sommaire sans même un semblant d'acte d'accusation ni de procès, au sens où l'entend habituellement la loi, etc.

– La réflexion pourrait s'étendre, en conclusion, à une généralisation de type « existentiel », montrant que K. est peut-être « coupable » (comme chacun de nous ?) d'être né, expiant alors une sorte de « faute originelle » liée à sa condition d'homme. Le problème de Dieu et de la foi pourrait être posé, mais sans insister sur cette problématique à la fois complexe et réductrice, au regard de la richesse des interprétations que l'on peut formuler à propos du texte de Kafka.

5- *Pensez-vous, comme les préfaciers du Procès dans le Livre de Poche que ce livre* « est le récit d'un “ trépas ”, d'une mort ignominieuse sans aucune justification ; mais c'est aussi une pochade macabre et pathétique, traversée d'un humour noir très visuel, profondément accordé au génie essentiel de Franz Kafka. » ?

– *Le Procès*, « récit d'un trépas » : cette affirmation se justifie si l'on accepte, comme le prouvent les manuscrits, que le chapitre « fin » a été rédigé avant les autres, donnant à la mort de K. une place donc une *force* essentielle, le reste du récit convergeant peu à peu vers cette échéance inéluctable, comme « écrite d'avance ». On se réfèrera au *Journal* dans lequel l'écrivain exprime à plusieurs reprises sa fascination pour les récits de mort, et on cherchera dans d'autres œuvres du même auteur des « morts » décrites avec raffinement, économie de moyens, à l'aide de phrases claires et définitives, sans aucun apitoiement du narrateur (*À la Colonie pénitentiaire*, par exemple, et à la fin de *La Métamorphose*, etc.).

– « *mort ignominieuse* » renvoie à l'absence d'acte d'accusation, mais surtout à la description de l'exécution de K. au chapitre 10 ; une analyse fine de ce chapitre amènera à mettre en valeur l'horreur de la situation et la minutie « macabre » avec laquelle son assassinat est relaté (cf. « macabre et pathétique », la notion de « pathos » renvoyant à celle de « destin », faisant de ce récit une *tragédie* au sens premier du terme).

– « *pochade macabre* » et « *humour noir très visuel* » demande des explications : ce roman serait donc une sorte de « farce légère » (« pochade » signifiant, selon le Petit Larousse, une « œuvre littéraire sans prétention, écrite rapidement ») ? Ce terme est bien entendu restrictif au vu de la portée littéraire et des divers sens profonds qu'on peut accorder au livre. Toutefois, le chapitre 10 s'apparente par bien des aspects à une scène burlesque, les deux exécutants de K. étant présentés comme « de vieux acteurs de second ordre », tandis que les mimiques de leurs visages, leur mutisme et le mécanisme de leurs gestes en font des « robots » déshumanisés, des « pantins » de comédie, venus exécuter en effet une « farce macabre » dont K. fera les frais. D'autres traits d'humour (noir ou non) pourront être recherchés dans le récit avec profit. On n'oubliera pas, pour conclure, que de l'aveu de Kafka lui-même dans son *Journal*, son ami Max Brod et lui riaient beaucoup à la lecture de certains textes de Franz. Sur l'humour, encore, le rapprochement avec ce qu'on appelle « l'humour juif » — un peu difficile pour les élèves — pourrait s'avérer éclairant.

– Sur l'aspect « visuel », et même « humour noir très visuel », la référence au film s'imposera d'elle-même (voir étude du *Procès* d'Orson Welles)

6- Quelle image de la justice et de ses rouages *Le Procès* nous donne-t-il ? Quel sens lui donnez-vous ?

Pour cette question, on se reportera aux passages du présent ouvrage traitant de *la faute et de la présence de la Loi* ; l'idée dominante — qui contribue à créer un malaise de plus en plus fort, tant chez le lecteur que chez K. — étant que cette justice est aveugle, peu conforme à l'idée qu'on se fait généralement de la justice ; elle envahit peu à peu tout l'espace, et fonctionne d'elle-même et sur elle-même, trouvant sa seule justification dans son aspect inéluctable et foncièrement « injuste » ! (voir plus haut : question n° 2).

7- Le romancier apparaît souvent comme un metteur en scène. Quels épisodes vous semblent confirmer cette assertion ?

Cette question est plus précisément débattue dans la partie consacrée à *la théâtralité du Procès.* On demandera aux élèves un relevé et une analyse des diverses didascalies, de la schématisation des personnages, des notations scéniques, des jeux d'ombre et de lumière, de la mise en place des décors, du rôle prépondérant des portes, fenêtres et autres « cadres » dans le corps du récit. etc. Des *liens avec le théâtre et le cinéma burlesque* pourront ainsi être établis. On s'interrogera enfin sur la place du narrateur dans son récit et sur la question — importante — du « qui voit qui ou quoi ? » ou du « qui décrit qui ou quoi ? » dans cet écrit (problèmes liés à la focalisation).

Sujets « pointus » (sur 8 points)

1- Vous commenterez les photogrammes du film de Welles disponibles dans l'édition DVD du film (Par ordre d'apparition : photo 1 (l'arrestation de K), photo 3 (Mlle Bürstner), photo 6 (la banque de Joseph K), photo 23 (les combles du palais de justice), photo 28 (l'atelier du peintre Titorelli), photo 31 (la marche à la mort) en prenant soin de relier les paramètres de l'image (échelles des plans, angles de prise de vue, mouvements de caméra) et les choix techniques et esthétiques, avec le sens. Les choix techniques sont ceux répertoriés et analysés dans la deuxième partie (*Comment Welles recompose-t-il l'univers du Procès* et particulièrement : *b- Un univers foisonnant et rigoureux*).

(NB : tous les photogrammes ici commentés sont présents dans les compléments de l'édition DVD du film de Welles réalisée par *Studio Canal,* sous la rubrique « *Affiche et photos* »).

– **L'arrestation de K** : les deux sous-inspecteurs harcèlent K. dans sa chambre en prenant en note tout et n'importe quoi (ainsi l'ancienne marque du fauteuil de dentiste de M. Grubach cachée par un tapis) ; l'un tente de subtiliser une chemise de K. qui lui arrache aussitôt des mains. La photo est emblématique du filmage de l'arrestation de K : la contre plongée fait découvrir le plafond renforçant ainsi l'impression d'étouffement de l'appartement. K. est pris en tenaille, chemise blanche, corps courbé et soumis, entre les deux sous-inspecteurs, deux formes noires verticales placées de part et d'autre des bords du plan. L'éclairage dessine sur le mur l'ombre de la tête de l'inspecteur de droite augmentant ainsi la menace. La courte focale enfin allonge et déforme la perspective dessinée par le mur coupé par la perpendiculaire de la porte béante à laquelle K. tourne le dos.

– **Mlle Bürstner** : la voisine de chambre de K. rentre fatiguée de son travail au petit matin. K., qui l'a vue arriver du haut de son balcon, la guette et veut lui raconter ce qu'il vient de vivre. Deux logiques vont s'opposer : celle de K, anxieux et tendu mais qui cherche une alliée ; celle de Mlle Bürstner, imperméable aux préoccupations de Joseph et seulement capable de donner ce qu'elle sait faire : se laisser embrasser. Photographié de la même manière que le plan précédent (contre plongée découvrant le plafond du couloir et ligne de fuite du couloir, cette fois sur la droite du cadre, dont les deux corps placés comme des bornes à distance soulignent la géométrie rigoureuse), ce plan signale le talent de composition de Welles dont la marque principale dans *Le Procès* est bien « l'espace oblique asymétrique, vertical et instable » signalé par Youssef Ishagpour.

– **La banque de Joseph K** : ce plan est extrait d'une scène tournée coupée au montage. Elle devait s'intercaler initialement entre la séquence 15 (K. retrouve Irmie à la sortie du palais) et la séquence 16 (K. revient chez son avocat). Rentrant dans son bureau, il rencontre la savante chargée d'entretenir le computateur à qui elle apporte une offrande (du lait dans une soucoupe) ; elle lui donne un papier perforé censé dire quel est le crime qu'il est le plus capable de commettre ; il la quitte attiré par un gémissement étouffé : dans le débarras le bourreau et les sous-inspecteurs sont toujours à leur sinistre besogne. K. claque alors la porte et détale dans l'immense bureau. Appliquées à un vaste espace comme ici, les techniques de la contre plongée et de la courte focale, prennent une dimension saisissante : le spectateur est pris de vertige. K. court vers nous, éperdu, au milieu d'innombrables secrétaires assis, le dos courbé et rivés à leur travail, comme des pions sur un échiquier. Joseph fuit l'étranglement de la profondeur du champ dessiné par la perspective, aussi nette que le premier plan grâce à l'utilisation d'un diaphragme approprié. Avec l'ordinateur, ce décor contribue à verser l'univers du *Procès* dans le genre de la science fiction, mais une science-fiction dont le futur serait cependant très proche.

– **Les combles du palais de justice** : quittant Hilda emportée par son souteneur d'étudiant au juge d'instruction, K. se retrouve (séquence 14) sous les toits du palais de justice où il rencontre Guard, l'huissier du tribunal, mari d'Hilda. Il entreprend avec lui une visite de la partie administrative du tribunal (bureaux, archives...). On sait que Welles a dû tourner son film avec moins d'argent que prévu. C'est ainsi qu'il a découvert à deux pas de son hôtel parisien le bâtiment désaffecté de l'ancienne gare d'Orsay. Bâtiment métallique du 19e siècle, il a permis à l'imaginaire de Welles de s'épanouir dans un espace propice à sa vision de l'architecture des lieux du *Procès* qu'il définissait en ces termes : « une sorte de modernisme à la Jules Verne ». Photographié à l'oblique, l'espace construit une forêt de lignes rigoureuses groupées par séries mais s'opposant dans leurs directions divergentes : l'huissier devient un funambule habitué des lieux.

– **L'atelier du peintre Titorelli** : émanation lui aussi de l'univers étrange de la justice, le peintre Titorelli (séquence 18) règne dans son atelier-prison sous le regard glouton des petites filles. Filmé en contre plongée, le visage de Titorelli, « guillotiné » par le cadre, occupe la ligne des tiers de la gauche du cadre ; il se détache sur les murs et le plafond de planches à claire-voie de son antre ; des cadres de bois vides accrochés attendent des toiles ; les raies de lumière atteignent ses yeux hallucinés.

– **La marche à la mort** : K. est conduit à la mort à la fin de la nuit par les deux policiers (séquence 20). Le travail de la lumière joue un rôle décisif dans la lecture de l'univers de Kafka par Welles. Ce plan est un bel exemple que la lumière n'est pas uniquement dévolue à l'éclairage des studios mais aussi des extérieurs, renforçant donc l'idée que le réalisme n'est pas de mise mais qu'il s'agit bien de la représentation d'un univers irréel voire onirique. On se référera à la deuxième partie consacrée *au Procès* de Welles (*Comment Welles recompose-t-il l'univers du Procès ?*) et particulièrement à la note 2, page 85 pour évaluer l'apport de la lumière expressionniste au sens de ce plan. Trois espaces composent ce photogramme : au premier, un espace vide caillouteux et à moitié éclairé signale qu'on a quitté la ville pour entrer dans la zone des terrains vagues bordant les grandes cités ; au second, deux vieilles bâtisses sans intérêt architectural (dont la destruction semble prochaine compte tenu de ce qui pointe au dernier plan) séparées par une ruelle anormalement éclairée (on devine l'apport d'un fort projecteur car le petit éclairage public encore existant ne saurait suffire pour jeter tant de kilowatts) ; au troisième plan, fermant l'horizon et pratiquement dans l'ombre une barre d'immeubles modernes. C'est ce décor banal et anonyme que le trio traverse. K. titube ou se débat, soutenu ou contraint par les deux sbires chargés des hautes œuvres.

Sujets de comparaison

1- En quoi les femmes ont-elles, dans le livre comme dans le film, un rôle ambigu ?

Le Procès *de Franz Kafka*

La lecture attentive à la fois du *Journal* et de la correspondance de Franz Kafka (jointe à l'analyse de sa biographie) montre un rapport complexe de l'écrivain aux femmes ; celles que croise Joseph K. dans *Le Procès* entretiennent elles aussi avec le personnage des relations ambiguës (voir *acteurs et personnages*) et constituent presque toutes une entrave à la bonne marche de son procès, soit qu'elles le détournent des lieux essentiels où se joue son « destin » (Leni, la femme de l'huissier), soit qu'elles l'entraînent vers un « ailleurs érotique » qu'il subit le plus souvent. Seule exception : la jeune fille du chapitre 4 qui prend en charge son malaise physique, et Mlle Bürstner qu'il agresse furtivement à la fin du chapitre 2. On notera une certaine « animalité » de quelques-unes, dont Leni aux doigts palmés et les petites filles (chapitre 7) comparables aux Érynnies grecques, harcelant physiquement K. et mordant le peintre Titorelli. Le rapport de K. aux femmes est donc le plus souvent charnel et angoissant pour lui ; rien ne vient justifier — au regard de l'étrange procès qui lui est fait — cette ambiguïté qui ajoute encore au climat d'étrangeté baignant tout le récit, et fait de K. une « proie » désarmée dans un univers qui lui échappe de plus en plus.

Le Procès *d'Orson Welles*

Depuis *Citizen Kane* (1940) — à l'exception bien sûr de la figure maternelle (personnage au cœur dur se sacrifiant pour assurer le bonheur de son enfant) — où elles trahissent ou sont des sources d'extravagances, de brouilles et d'ennuis permanents, les femmes des films de Welles sont, disent Danièle Parra et Jacques Zimmer, « des compagnes effacées ou perverses » qui n'ont « dans ce cinéma au masculin, guère plus d'importance que le grain de sable qui bloque la plus gigantesque machine[1] ». *La Dame de Shanghaï* (1946) elle même, Rita Hayworth, alias Elsa Bannister, dans la tradition des beautés vénéneuses que sont les héroïnes des films noirs, est bien une intrigante monstrueuse au visage d'ange.

À l'exception de sa logeuse, Madame Grubach (cependant détestable car elle craint que le procès de Joseph ne fasse une mauvaise publicité à sa pension, les bigoudis et la robe de chambre ne l'arrangeant guère non plus) peut être aussi de l'acariâtre et disgracieuse Miss Pittl, et enfin de la jeune Irmie (qui talonne souvent Joseph), ***Le Procès* offre trois figures de femmes dans la grande tradition wellésienne : Mlle Bürstner, Hilda et Leni,** par ordre d'entrée en scène. Les petites filles bourdonnant autour de K. dans l'escalier du peintre Titorelli ou dans le couloir-labyrinthe ne sont pas à négliger non plus.

Mlle Bürstner occupe un rôle secondaire : très typée (Jeanne Moreau joue un rôle de composition codifié) dans son personnage d'entraîneuse de boîte de nuit, elle offre à K. un amour rapide (elle se laisse voir en combinaison puis tout naturellement s'embrasser) qui ne résistera pas à l'inquiétude que suscite en elle

---

1. *Orson Welles*, Edilig, p. 64.

l'histoire « politique » du procès de Joseph, qu'elle met à la porte, et qu'elle ne voudra plus voir.

En revanche Hilda et Leni sont des passages « obligés » sur le parcours de Joseph : Leni le guide dans l'appartement de l'avocat et lui en fait découvrir les secrets ; Hilda est en quelque sorte la gardienne du tribunal puisqu'il faut passer chez elle et par elle pour y accéder. Femmes faciles et intrigantes toutes les deux, elles proposent leur entremise à Joseph car elles sont des proches de la justice. L'une, Hilda, est en effet la maîtresse du juge d'instruction, couvée par un étudiant souteneur qui l'emmène comme un sac sur l'épaule (rejoignant ainsi Kay — Marilyn Monroe — embarquée sur les épaules de son fermier — Robert Mitchum — dans *River of No Return* de Otto Preminger, 1954) après l'avoir lutinée en public. L'autre, en toute connivence avec son avocat, tombe avec gourmandise sur ce grand ingénu de Joseph qu'elle propose, d'une manière et calculée et anodine, d'aider en lui laissant la clé de la maison.

Finalement, ce qui rapproche les femmes de la justice qui poursuit Joseph en permanence, c'est **leur nature d'animaux de proie** : Hilda caresse les chevilles de K. puis l'attire à elle pour l'embrasser ; Leni, dont les doigts sont palmés (trace féline ?) offre son corps à K. sur l'amas de dossiers judiciaires étalés en vrac ; les petites filles enfin bourdonnent comme les Erinnyes grecques ou les mouches sartriennes autour de K. et s'agglutinent sur les parois de l'atelier du peintre au moment où Titorelli (qui vient de se faire mordre la main par une petite fille) explique le sens du tableau sur la justice qu'il réalise :

– « Qu'est-ce que ça évoque pour vous ? » demande-t-il à K.

– « La déesse de la Chasse réclamant sa proie » répond celui-ci.

Pour Joseph K, la femme est bien, comme la justice, une déesse de la chasse réclamant sa proie.

2- Quels sont les procédés d'écriture qui, dans le livre comme dans le film, mettent en place une certaine forme de comique ?

Le Procès *de Franz Kafka*

Parmi les « sujets larges » proposés ci-dessus concernant l'œuvre de Kafka, le sujet 5 répond partiellement à cette question.

Par ailleurs, les procédés du comique mis en œuvre par l'écrivain sont plus à repérer au niveau des *situations* que du *style d'écriture* proprement dit, ce qui fait l'unité du récit étant précisément l'unicité de son style d'écriture, que le récit soit tragique — cf. l'exécution de K. au chapitre final — ou « comique » (voir le chapitre I, arrestation, analysé en partie dans les pistes de réponse à la question large n° 5 ci-dessus). De même, l'échange des propos entre K. et les protagonistes du Tribunal peuvent revêtir un aspect comique si l'on épouse la thèse d'un « humour noir » présent dans l'œuvre (et qui faisait rire Max Brod et Franz), mais peut également s'ajouter aux processus divers de mise en danger du personnage dans une situation effrayante qui le dépasse.

On rapprochera du *comique burlesque* les mimiques et gestes des personnages présents lors de l'arrestation de K. (chapitre 1) ou de ceux qui procèderont à son arrestation et à son exécution en fin de volume : accélération du rythme des actions, mimétisme répétitif des « jumeaux » de comédie venus arrêter ou exécuter K., déplacements incohérents et risques de « télescopages » des personnes en présence dans un espace réduit (la chambre de K. et la pension Grubach au chapitre 1, les petites filles et K. dans l'escalier et la mansarde du peintre au chapitre 7)). Dans tous les cas, ce qui se révèle *trace d'humour* peut aussi être lu comme *signe d'effroi,* ce qui donne à la tonalité du *Procès* sa saveur si particulière de tragi-comédie...

Le Procès *d'Orson Welles*

Le comique, bien que ce terme ne convienne pas exactement ici, existe sous des formes subtiles qu'on pourrait inventorier de la manière suivante :

– **Il est dans une certaine forme de plaisir du jeu des comédiens,** particulièrement dans celui d'Orson Welles lui-même : sa prestation dans le rôle de l'avocat, maître Hastler, est (dans la séquence 11) pleine de truculence. Préfigurant le personnage de Fastaff qu'il jouera dans son propre film immédiatement après *Le Procès,* il propose le portrait d'un juge rabelaisien tout en grivoiserie avec « son infirmière » Leni (mots susurrés à l'oreille, caresses à peine voilées, gloussements de connivence...)

– **Si Welles s'amuse à jouer le juge, c'est qu'il est capable d'en mettre en scène avec une extrême rapidité les caractéristiques** : après la roublardise, il se drape brusquement dans son pouvoir lorsqu'il apprend que l'affaire qu'on lui propose est celle de K. Il se lève de son lit et suspecte de sa morgue hautaine Joseph. Il opérera une ultime mutation dans son jeu dans la séquence 19 lors de sa dernière apparition devant K : dépouillé de ses oripeaux et de son environnement judiciaire, Welles quitte son rôle d'avocat et, sur le fond noir et blanc de la salle de projection improvisée au fond de la cathédrale, rejoint, dans des accents de vérité étonnants, sa véritable identité de cinéaste. D'autres personnages du film s'installent carrément dans la caricature par leurs vêtements ou leur jeu : on peut penser aux deux policiers (à la fois policiers, gangsters ou bien agents d'un pays au système totalitaire) secondant l'inspecteur (imperméables, lunettes à monture d'écaille, jeu en duo...).

– **Il est dans certaines scènes qu'on pourrait qualifier de parodiques et de burlesques** : c'est le cas de la première audition de K. au tribunal (séquence 8), du débarras aux tortures (séquence 9) ou encore de l'humiliation de Bloch (séquence 17). Dans le cas du tribunal, ce sont précisément par exemple les réactions à contre temps de la foule massée dans la salle qui contribuent à la loufoquerie de la situation ; dans le cas du débarras aux tortures, c'est le mime du faux exercice du châtiment joué par les policiers et leur fouetteur (visiblement pour abuser K. — qui d'ailleurs se laissera berner) corroboré par l'utilisation des codes cinématographiques utilisés pour montrer une vraie torture (ombre et lumière du plafonnier, rythme rapide de plans brefs, cris et bruitages sonores...) ; **enfin l'humiliation de Bloch** est carrément une farce annoncée et jouée comme telle (« Je crois qu'il est temps de vous montrer comment on traite un accusé » dit l'avocat à K) : le client devient un esclave qui rampe et embrasse la main de son maître...

3- Le Procès de Kafka a été considéré comme prémonitoire des événements douloureux qui ont marqué le 20e siècle. Welles, lui aussi, a inscrit son film dans les réalités historiques des années cinquante. Quels événements Kafka semble-t-il annoncer ? Comment Welles utilise-t-il ceux qu'il a retenus dans la trame narrative de son film ?

Le Procès *de Franz Kafka*

On se réfèrera à la fois à la partie *autres aspects biographiques ; prémonition ?* et au *bilan* qui fait état des diverses interprétations et récupérations du *Procès* pour répondre à cette question.

Kafka semble bien avoir sinon prédit du moins *pressenti* les drames qui frapperont la communauté juive d'Europe Centrale durant le période nazie, mais aussi les dangers d'un totalitarisme aveugle où délation, accusations sans preuve, arrestations et exécutions arbitraires ont été de mise dans les pays du Bloc Soviétique après la seconde guerre mondiale. Les chapitres 1, 3,4,5 et 10 renforcent clairement *cette impression de prémonition.* Mais c'est la totalité du récit qui peut servir de « preuve » à cette allégation : dans le système où se trouve entraîné puis broyé Joseph K., c'est bien *l'individu que condamne la communauté,* c'est l'innocent qui s'avère *fautif de naissance,* et l'on ne saurait s'empêcher de voir en ce « tribunal suprême », invisible et omnipotent, dont les membres portent un signe de reconnaissance (chapitre 3 : « Tous avaient des insignes... Ils appartenaient tous à un même groupe... ») la prémonition du nazisme, dont le but premier fut bien l'extermination calculée, organisée et aveugle d'une catégorie de gens *au seul prétexte qu'ils étaient nés juifs.*

On se rappellera enfin que ces rapprochements, s'ils s'avèrent en partie « éclairants », demeurent problématiques, vu le décalage dans le temps entre le récit de Kafka et les faits historiques qu'il semble « annoncer ». Mais c'est cette dimension prémonitoire de l'œuvre qui a pu séduire Welles et l'amener à une actualisation forte et pertinente, lors de la réalisation de son film de 1962.

Le Procès *d'Orson Welles*

Si Welles a choisi le texte de Kafka, c'est notamment parce qu'il lui offrait une matière première riche pour exposer son point de vue sur l'état du monde en 1962. L'« *atmosphère* » de Kafka (le mot est utilisé par Welles dans un entretien télévisé) lui semblait particulièrement bien convenir pour parler des menaces planant sur l'homme après la deuxième guerre mondiale. **Et c'est parce que les réalités historiques des années cinquante étaient à ses yeux particulièrement cauchemardesques qu'elles ont pris tout naturellement place dans l'insolite, l'étrange et finalement l'insupportable histoire de Joseph K.**

– **Le souvenir de l'Holocauste** hante le film donnant lieu à l'allégorie des déportés de la séquence 7 : rêve impitoyable placé sur le parcours de K. (il se rend alors à son premier interrogatoire), la cohorte hallucinée des détenus d'un camp de concentration symbolique (immobiles, torses nus et décharnés, portant une pancarte avec un numéro autour du cou) au pied d'une statue sans nom ni identité puisqu'elle est voilée, n'est pas un groupe de figurants attendant dans les coulisses leur entrée sur la scène du théâtre tout proche que K. vient de quitter. « Cette scène, dit Elsa Nagel[1] définit très exactement, les ressorts sur lesquels joue le

1. *L'art du mensonge et de la vérité*, L'Harmattan éditeur, p. 50.

fantastique du *Procès*. Il est impossible de trouver un sens univoque à ce qui est vu à l'écran et qui satisferait notre raison car ces images traduisent **ce que cet univers onirique, que K. traverse, a d'insensé et d'inadmissible, précisément, parce qu'il ressemble au nôtre** ».

– **La mise en scène de l'appareil judiciaire et policier** rejoint aussi l'idée de mauvais rêve et permet à Welles de décliner une nouvelle fois l'un de ses thèmes favoris : les rapports houleux et impossibles de l'individu avec le pouvoir : « J'ai restitué, dit Welles lors d'une conférence de presse en 1963, l'histoire en 1963. Je voulais peindre un cauchemar très actuel ; un film sur la police, la bureaucratie, la puissance totalitaire de l'Appareil, l'oppression de l'individu dans la société moderne… » Il suffira ici de rappeler l'arrestation de K, son exécution ou de nombreux détails du film. Cette main-mise des pouvoirs sur l'individu, qui n'arrive plus à démêler culpabilité et innocence, circule dans les propos de nombreux cinéastes de Fritz Lang à Alfred Hitchcock ; ainsi Roger Thornhill, le héros de *North by Northwest* (*La mort aux trousses,* Alfred Hitchcock, 1959), doit se disculper et se justifier en permanence ; pris dans les rets d'une toile tendue par des forces obscures, c'est finalement lui qui s'enferre et referme l'étau qui l'étouffe.

Il ne faut cependant pas jamais perdre de vue que cette inscription du *Procès* de Welles dans les réalités historiques de son temps reste symbolique : le film côtoie la science-fiction en situant son action dans une sorte de futur assez vague (les bureaux immenses de son entreprise et son ordinateur monstrueux, les cités dortoirs de son immeuble…), en disposant des indices intemporels et en utilisant « une symbolique suffisamment lâche pour que la fable devienne universelle[1] ».

1. Danièle Parra et Jacques Zimmer, *Orson Welles*, Edilig, p. 158

4- En quoi *Le Procès* d'Orson Welles est-il plus une recréation qu'une adaptation de l'œuvre de Kafka ?

Adapter, c'est acclimater, transposer d'un domaine dans un autre, d'un art dans un autre. Dans cette perspective, **l'adaptation peut se résoudre en une banale série de problèmes techniques** : comment dire ce que raconte l'œuvre première dans un autre médium, avec des outils différents ? Vu aussi sous un autre angle, adapter peut être simplement **une imitation** ou aussi plutôt **une action réductrice** : il s'agirait de faire en sorte que l'œuvre initiale soit « rognée », « rabotée » pour entrer dans le moule du nouveau médium. Pour d'autres encore, et dans une perspective beaucoup plus noble, adapter c'est s'approprier les données du texte-source pour en disposer autrement, pour servir le projet filmique. Il semblerait préférable, dans ce cas-là de parler de **recréation,** c'est à dire de faire naître une œuvre nouvelle dans un autre art, le cinéma ; aussi pourrions-nous proposer, pour expliquer clairement cette recréation, le terme de **réécriture**, en affirmant à la suite de André Gardies que « chez les plus grands cinéastes, la réécriture est toujours et avant tout une **écriture** ». Tel est bien le cas du *Procès* d'Orson Welles.

Qu'est-ce qui a présidé à cette réécriture, pour quoi sommes-nous en face d'une œuvre nouvelle ?

– **Welles a réécrit l'histoire de Joseph K. en la repensant dans les termes et les contraintes d'un scénario de film qui s'organise toujours autour de l'axiome : « un personnage cherche à atteindre un objectif et rencontre des obstacles, ce qui génère du conflit et de l'émotion**[1] ». On se reportera à ce sujet à la description de la structure du film proposée en conclusion de la première partie « Comment Welles a-t-il scénarisé le roman de Kafka ».

- La première contrainte concerne la durée de l'histoire qu'il a réduite, même si les repères, — notamment à partir de la

1. Yves Lavandier, *La dramaturgie*, p. 47.

deuxième journée de K. —, restent difficilement cernables, installant l'histoire de K. dans **une temporalité plus onirique ou fantastique**, clairement annoncée par la voix off qui clôt le prologue : « On pourrait dire que la logique de cette histoire est la logique d'un rêve ou d'un cauchemar ». Ce commentaire peut être considéré comme une déclaration essentielle du cinéaste sur le sens qu'il compte donner à l'histoire de Joseph K. ; elle va guider ses choix et ses partis pris esthétiques et techniques.

- La seconde contrainte concerne le dispositif narratif : Welles a réorganisé le récit **en renforçant une certaine vraisemblance et une logique chronologique des événements.** Un exemple : la contraction dans la seule première séquence de « l'arrestation » de K. et de sa conversation avec sa logeuse, ce que Kafka raconte en deux chapitres et à deux moments de la journée (le matin et le soir après le travail). L'autre principe de réorganisation est commandé par la dynamique dramatique du suspense : Welles intercale entre les deux venues de K. au tribunal (que Kafka faisait suivre) quatre séquences creusant tantôt la culpabilité de K, tantôt l'initiant au dédale judiciaire (le débarras aux tortures, l'oncle Max, l'avocat et Leni).
- La troisième contrainte concerne les personnages secondaires : Welles en a allégé le nombre par rapport à Kafka **afin de rendre le récit et la caractérisation des personnages plus efficaces.**

– **Welles a tourné et monté un film de cinéma qui a ses propres exigences techniques et esthétiques : il a du ainsi apporter des réponses cinématographiques au récit, qui ne doivent rien à l'écrivain.** *Le Procès,* dans la carrière de Welles, est un condensé de son talent de créateur cinématographique. Il se définit par quelques constantes dans son œuvre dont *Le Procès* porte évidemment la trace : la propre présence du cinéaste comme narrateur (voix off du prologue et comédien jouant le rôle de l'avocat) ; la mise en scène, le choix et le jeu des acteurs portent aussi la marque des choix de Welles (celui d'Anthony Perkins dans le rôle de K. est décisif pour le sens du personnage et de son aventure ; on se référera au sujet n° 7) ; la traduction visuelle de l'univers de K. (architecture baroque des lieux de justice, architecture moderne de la banque et de l'immeuble de Mme Grubach) ; la configuration des lieux plus fantastique et onirique que réaliste (escaliers, labyrinthe, pièces-prisons...) ; la scénographie très théâtralisée (sans doute le trait le plus caractéristique du cinéma de Welles) ; et bien sûr les données spécifiquement filmiques (le traitement de la lumière, la profondeur de champ et l'utilisation de la courte focale (dont on relira les conséquences visuelles dans le lexique en annexe).

- **Enfin, la réécriture de Kafka par Welles en 1962 (d'un texte de 1914) est aussi et sans doute surtout flagrante dans le contexte historique auquel il se réfère qui lui donne un sens spécifique.** La relecture de Kafka par un homme marqué par les séquelles de la deuxième guerre mondiale, par l'intolérance des états totalitaires, enfin par les prémices de l'oppression de l'individu par la modernité technologique. La réflexion proposée dans la 19e séquence (K retrouve son avocat qui le fait se souvenir de la légende *Devant la porte de la Loi*) sur les vérités et les mensonges de l'image couronne cette appropriation de Kafka.

Le K. de Welles reconnaît sa culpabilité mais, s'il meurt comme dans le roman, il aura, contrairement au K. de Kafka lutté contre le désespoir et refusé la passivité.

5- Quel parallèle peut-on faire entre le roman et le film en ce qui concerne l'apologue* des *Portes de la Loi ?*

Le contenu de l'apologue des *Portes de la Loi* est **le même** chez Kafka et chez Welles.

Mais, on le sait, le cinéaste l'a disposé, dans le déroulement de son récit, différemment de l'écrivain : alors que chez Kafka (ou

Max Brod) la légende apparaît une seule fois avant l'exécution de K, dans le film elle apparaît deux fois, l'une après le générique et avant le film, l'autre avant l'exécution de K. D'autre part, si le contenu est quasiment le même, il est concentré chez Welles pour la première occurrence et réduit au strict minimum pour la seconde.

Cette modification d'emplacement est strictement d'ordre dramaturgique chez Welles qui a pour habitude d'ouvrir ses films sur une donnée à partir de laquelle va s'organiser toute l'histoire. Ce choix renforce le « suspense » du récit qui va suivre : l'homme de la campagne dont il est question dans la légende est forcément cet homme qui se réveille sous nos yeux dans sa chambre dans la première séquence : va-t-il subir le même sort que son homologue qui a attendu désespérément d'accéder à la justice dans la parabole ? Laissant la parabole à la toute fin du récit, Kafka (Max Brod), lui donne en revanche toutes les caractéristiques d'une mise en abyme (c'était l'opinion de l'écrivain André Gide) plus « rétrospective » puisque l'histoire de K. est désormais racontée : peut-être pourra-t-il néanmoins en tenir compte avant l'issue fatale très proche ?

Ainsi pour Welles, comme pour Kafka, **la légende entretient avec l'histoire de K. des relations très étroites**. Elsa Nagel (*L'art du mensonge et de la vérité*, L'Harmattan éditeur) reprend la thèse de Lucien Dällenbach pour qui *La légende de la porte de la Loi* est un méta-récit, c'est à dire une histoire contenant (ou reflétant à sa manière) l'histoire de K. Qu'est-ce qui les rapproche ?

Certains ont pu penser (Jean-Michel Gliksohn, *Le Procès* de Franz Kafka, collection Profil d'une œuvre, Hatier éditeur, 1976) que l'homme de la campagne de la parabole et Joseph K. de Kafka ne se ressemblent pas : alors que chez K. cohabitent deux situations au statut foncièrement différent — l'une, réaliste et vraisemblable : la vie quotidienne d'un fondé de pouvoir ; l'autre invraisemblable et qui rend perplexe le lecteur : la situation angoissante d'un inculpé —, *La légende de la porte de la Loi* installe le lecteur directement dans l'invraisemblable de la parabole, racontant une histoire considérée comme vraie par pure convention. N'est mis en scène dans la parabole que l'attente de l'homme devant la porte à l'exclusion de tout autre activité.

Il n'en demeure pas moins vrai que, comme l'homme de la campagne, K. cherche désespérément à accéder à la justice et ce, comme lui, d'une manière très symbolique : en ouvrant des portes, en franchissant une clôture.

Ainsi chez Kafka les situations d'identité ne manquent pas ; par exemple cette réflexion intérieure de K. au moment de son arrestation, alors qu'il est invité par ses gardes à ne pas quitter sa chambre :

> « ***Peut-être les deux hommes n'oseraient-ils pas le retenir s'il ouvrait la porte de la chambre voisine, ou même la porte de l'antichambre*** *: peut être la solution la plus simple de toute cette histoire serait-elle de la pousser à l'extrême. Mais peut être qu'alors ils porteraient la main sur lui, et une fois vaincu, il perdrait aussi la supériorité qu'il conservait malgré tout encore, dans une certaine mesure, vis-à-vis d'eux. C'est pourquoi, préférant la certitude de la solution qu'apporterait forcément le cours naturel des choses, il retourna dans sa chambre sans qu'un autre mot fût prononcé par lui ou par les gardes*[1] ».

K. pèse le pour et le contre de passer outre l'interdiction des gardes de franchir la porte de sa chambre ; et le lecteur peut frémir car il sait quelle issue se cache derrière « la solution qu'apporterait » (qu'apportera) « le cours naturel des choses ». Finalement, comme l'homme de la campagne placé devant la même alternative devant la porte de la Loi, il préfère l'attentisme. On pourra de cette manière continuer à repérer les similitudes métaphoriques entre l'histoire de K. et celle de l'apologue.

Ainsi chez Welles, de la même manière, les analogies fictionnelles et mêmes formelles (notamment du côté plastique et particulièrement à propos des jeux d'ombres et de lumières) se multiplient entre le prologue et le film : Joseph va se déplacer

1. P. 52, Le Livre de Poche.

d'un lieu à l'autre et se confronter à des portes : celle qu'on lui montre (Hilda à la séquence 8), celle qu'il referme, devenue démesurée (fin de la séquence 8), celle de l'avocat Hastler dont Leni lui donne la clef mais qu'il enfonce à la fin de la séquence 17, celle qu'il cherche pour sortir de la cathédrale à la séquence 19.

Welles visuellement et Kafka dans les longs monologues intérieurs de K. incarnent dans l'histoire de Joseph la parabole des portes de la Loi. **Il reste que, si ces deux drames s'éclairent mutuellement, le mystère de cette histoire reste entier : Welles, comme Kafka, refuse d'interpréter cet apologue.** Elsa Nagel citant un extrait de la longue glose du prêtre chez Kafka à propos de la Légende rajoute à ce sujet :

> *« Kafka déjoue les tentatives d'exégèses qui pourraient être faites, en les épuisant toutes. La Légende garde son mystère. Elle reste une énigme qui ne saurait connaître d'explication pour être destinée, simplement, à continuer d'être racontée*[1] *».*

6- En quoi l'image et la place de l'avocat sont-elles différentes chez Welles et chez Kafka ?

La place de l'avocat chez nos deux auteurs se mesure d'abord par sa présence, différente dans les deux récits :

– **Chez Kafka, il est question par trois fois de l'avocat** : K. se rend, **au chapitre 6**, chez Maître Huld, conduit par son oncle ; malade, le magistrat connaît déjà son affaire. Alors que l'oncle et l'avocat s'entretiennent de son procès avec son oncle et un chef de bureau de la justice, K. est attiré dans le bureau de Maître Huld par Leni, son infirmière. Il sera aussi le premier des trois personnages (avec l'industriel et le peintre) occupant le **chapitre 7** : K. rapporte ce que l'avocat lui a dit de son affaire, sur le rôle des défenseurs, sur l'habileté des démarches et l'ambiguïté de leur résultat ; il doute de son efficacité et songe à prendre lui-même en main sa défense.

1. *L'art du mensonge et de la vérité*, L'Harmattan éditeur, page 32

Dans le **chapitre 8** enfin, K. se rend chez Maître Huld pour lui retirer son affaire. Il y rencontre Bloch qu'il soupçonne être l'amant de Leni. C'est en réalité un client devenu l'esclave de l'avocat. Au moment où K. lui annonce sa décision, l'avocat tente de le persuader de la gravité de sa décision et le fait assister à une démonstration d'humiliation de Bloch.

– **Chez Welles, on note trois apparitions officielles de l'avocat** : Maître Hastler est d'abord visité par K. et son oncle **aux séquences 11 et 12 :** Leni, l'infirmière les accueille et les conduit dans la chambre de l'avocat, alité et « malade ». K. est attiré par Leni dans une autre pièce. Au moment de partir, K. découvre la présence d'un client de l'avocat, Bloch, cloîtré dans une petite pièce. K., de plus en plus édifié par l'incohérence judiciaire, reviendra chez son avocat pour lui notifier le retrait de son dossier **aux séquences 16 et 17 :** après une longue conversation avec Bloch qui lui décrit sa triste et impuissante condition de « client » de la justice, K. annonce à Maître Hastler sa décision ; il assiste alors à une farce humiliante et grotesque : Hastler humilie Bloch. K. retrouvera enfin son avocat **à la séquence 19 :** surgissant de l'ombre, l'avocat projette à K. les gravures de *Devant la Loi* et ils débattent tous les deux du sens de la parabole. K. affirme qu'il est un membre et non une victime de la société. Il se déclare coupable.

– **Si l'on ajoute que non seulement l'avocat de Welles est donc, par déduction, le narrateur du prologue du film *Devant la Loi*** (on reconnaît sa voix et on constate qu'il connaît bien la parabole) **mais encore que le rôle de l'avocat est joué par Welles lui-même** (comme il l'annonce à la toute fin du générique : « I played the advocate »), on conclura que **l'avocat est devenu le deuxième personnage essentiel du récit chez Welles, l'interlocuteur privilégié de K, ce qu'il était loin d'être chez Kafka**. En quoi et pourquoi, entre les deux auteurs, l'avocat a-t-il nettement changé de statut ?

Joseph K. est, chez Kafka, enfermé dans deux systèmes qui se ressemblent et se répondent : celui de la banque et celui de la justice (hiérarchie, ambition, rivalités, fascination...). Maître Huld, expert es requêtes (tout en étant un petit avocat !), est le digne représentant d'une justice fallacieuse, se nourrissant d'érudition qui sonne creux, de flatteries de fonctionnaire plutôt que de sincérité et de vérité, et qui finalement empêche d'accéder à la vérité ; Bloch décrit ainsi la requête rédigée pour lui par l'avocat : « Elle était certes érudite, mais dénuée de contenu, en fait. Surtout beaucoup de latin, que je ne comprends pas, puis des pages et des pages de harangue à l'intention du tribunal, puis des flatteries destinées à certains fonctionnaires qui, sans être nommés, étaient faciles à identifier pour un initié, puis l'avocat chantait ses propres louanges tout en rampant littéralement devant le tribunal[1] ». Et pourtant, malgré son pédantisme et son hypocrisie, l'avocat, (comme l'oncle, comme le directeur de la banque) sont pour K. dotés d'un prestige quasi paternel (voir les analyses dans la partie de l'ouvrage consacrée au livre de Kafka), capable de fasciner et d'envoûter ses clients (comme Bloch) du fond de son appartement obscur, lieu isolé dans une ville inconnue, aux fenêtres aveugles, muni d'un judas auquel on accède par un corridor éclairé par « la flamme nue d'une lampe à gaz[2] ». Mais K. n'en sera pas dupe, tout en ayant du mal à échapper à son emprise.

L'avocat est chez le cinéaste américain l'interlocuteur privilégié de Joseph K. ; c'est même le « couple » du film quasiment en situation de rivalité, comme ces duos de personnages antagonistes dans de nombreux films de Welles (Kane et Leland dans *Citizen Kane*, Quinlan et Vargas dans *Touch of evil*). La rivalité

1. P. 208, Le Livre de Poche.
2. P. 132, *Idem*.

qui oppose Joseph et son avocat se cristallise autour du pouvoir et du savoir de l'avocat qui connaît le sort de son client puisqu'il raconte lui-même la légende de la Loi dont il nous annonce l'issue avant que K. en soit lui-même informé. Il devient le meneur de jeu, celui qui va faire accoucher Joseph K. du secret enfoui dans sa mémoire, lors de l'ultime rencontre dans la cathédrale : « Je l'ai déjà entendu ! ». Et plus : il le met en scène dans cette ultime projection de *Devant la Loi* (séquence 19) où Joseph superpose son corps sur l'image projetée de l'homme de la campagne qui attend devant la porte puis s'en écarte et finalement « sort » de l'écran. La mise en scène de la fable, dans sa représentation projetée, permet à K. de comprendre : « L'art est un mensonge, un mensonge qui nous fait comprendre la vérité » (Picasso cité par Welles dans son film *Vérités et mensonges*).

7- L'acteur Anthony Perkins vous semble-t-il bien incarner le personnage de Joseph K. ?

De même qu'il faut se garder d'évaluer la création cinématographique de Welles à l'aune de l'écrit de Kafka — car il est bien entendu que nous sommes en présence de deux formes d'art foncièrement différentes — on se gardera d'évaluer la prestation d'Anthony Perkins au regard du K. de Kafka. En s'appuyant sur André Bazin (« Il ne s'agit pas de traduire, si fidèlement, si intelligemment que ce soit, moins encore de s'inspirer librement, avec un amoureux respect, en vue d'un film qui double l'œuvre, mais de construire sur le roman, par le cinéma, **une œuvre à l'état second. Non point un film « comparable » au roman, ou « digne » de lui, mais un être esthétique nouveau**... »), on dira que le Joseph K. de Welles est un tout autre personnage que le Joseph K. de Kafka. Il est tout autre pour deux raisons : d'abord parce que le personnage de cinéma, comme celui du théâtre, se définit d'une manière spécifique, qui n'a rien à voir avec celui de la littérature ; ensuite parce que, effectivement, Welles a singulièrement orienté la caractérisation de son personnage dans une direction différente de celle du K. de Kafka.

On pourra extraire d'abord, de la biographie d'Anthony Perkins, quelques idées importantes : acteur de théâtre à l'origine, sa carrière a débuté au cinéma en 1953 dans un film de George Cukor (*The Actress*). C'est son physique (grand, filiforme, regard « intérieur » renforcé par des yeux vifs) qui va le cantonner dans des rôles de jeune homme anxieux, « voire névrotiques » (dit Gérard Legrand dans le *Dictionnaire du cinéma* de Jean-Loup Passek), ce que confirmera son incarnation de Norman Bates dans *Psycho* d'Alfred Hitchcock, deux ans avant *The Trial.* Perkins sera marqué par ce personnage et transportera dans le film de Welles son caractère de malade mental. N'aurait-il pas été d'ailleurs choisi précisément pour cette raison, orientant le film vers le genre fantastique ? Le spectateur de 1963 ne pouvait pas, lui non plus, oublier le rôle halluciné de Perkins dans *Psychose,* en le voyant apparaître en Joseph K... Perkins se fourvoiera enfin en réalisant lui-même en 1986 un très médiocre *Psycho III.*

Comme tout personnage de roman, le Joseph K. de Kafka s'incarne peu à peu dans l'imaginaire du lecteur à partir de quelques notations glissées par l'écrivain au détour d'une phrase. Son existence est encore plus friable et impalpable et n'a rien à voir avec une description balzacienne détaillée et réaliste : **K. n'est pas un héros de roman classique avec physionomie et profil spécifiques**, définis une fois pour toutes ; il n'existe que par quelques gestes et par son procès, bien sûr. Ainsi, on le voit agacé lors de son arrestation par l'impertinence des inspecteurs : « Pris d'une certaine agitation, il arpenta la pièce, ce dont personne ne l'en empêcha ; il remonta ses manchettes, se palpa la poitrine, remit ses cheveux en ordre, passa devant les trois messieurs en disant : « C'est vraiment insensé[1] ».... (On notera que Welles a érigé cette annotation de Kafka en véritable jeu de scène dans la séquence de l'arrestation). Plus tard, de retour dans son bureau, K. s'effondre, atteint par la lassitude, et sous nos yeux s'identifie à la silhouette dessinée par Kafka lui-même dans ses croquis à la

1. P. 57, Le Livre de Poche n° 15015.

plume : « Mais au lieu de travailler, il pivota sur son fauteuil, déplaça lentement quelques objets sur son bureau, puis, sans s'en rendre compte, il laissa son bras posé de tout son long sur le bureau et resta immobile, la tête inclinée[1] ».

Face à cette « absence » du héros chez Kafka, Welles construit la caractérisation de son Joseph K. autour de trois pôles, faisant de son personnage un être étrange, paradoxal et conflictuel : K. semble réunir en même temps **fragilité, volonté et hallucination**. Sa fragilité passe dans son inquiétude, son besoin de questionner en permanence ; sa volonté passe par sa détermination à vérifier la validité de son procès (voir deuxième partie « *La caractérisation et la mise en scène des personnages* »), son dynamisme et sa résistance (au lieu du défaitisme du K. de Kafka) ; son aspect halluciné passe enfin dans l'angoisse qui le gagne face à la logique de plus en plus désarticulée du monde qu'il traverse.

Au final, nous sommes donc loin du modeste employé pragois : jeune cadre dynamique lisse en costume-cravate, « Anthony Perkins semble quelque peu étranger à l'univers de Kafka, arrivant d'une époque qui lui est postérieure, marquée par la modernité : cet anachronisme, ce décalage entre lui et ce qui l'environne… contribue à mettre en relief par contraste l'absurdité dépassée et sans avenir d'un monde représenté comme ancien et désespéré[2] ».

1. P. 146, Le Livre de Poche.
2. *Cinéma parlant*, http ://membres.lycos.fr

Annexes

Lexique

Le Procès de Franz Kafka

Apologue petite fable visant essentiellement à illustrer une leçon morale.

Exergue (mis en) ce qui présente, explique. Exemple : mettre un proverbe en exergue à un tableau, un texte.

Dichotomie division, subdivision sommaire entre deux éléments qu'on sépare nettement et qu'on oppose.

Sionisme vient de *Sion*, nom de l'une des sept collines de Jérusalem. Mouvement politique et religieux visant à l'établissement puis à la consolidation d'un État juif (la *Nouvelle Sion*) en Palestine, avant la création de l'État d'Israël en 1948. Le terme « sionisme » désigne « à la fois une idéologie et un mouvement politique ayant pour objectif la renaissance et l'indépendance nationale du peuple juif sur la terre d'Israël. Le mot fut crée par l'écrivain viennois Nathan Birnbaum en 1890 pour désigner l'orientation proprement politique visant à la construction d'une nation juive en Israël. » (*Dictionnaire encyclopédique du judaïsme* – Robert Laffont ; Bouquins – 1996.) Dès 1904 s'installent en Palestine des groupes pionniers, la plupart issus des communautés juives d'Europe Centrale et de l'Est. En 1917, la Grande-Bretagne, par la « Déclaration Darfour », se prononce en faveur de l'établissement d'un foyer national juif en Palestine, région alors placée sous protectorat britannique.

Théodor Hertzl (1860-1904) fut le créateur de l'*Organisation sioniste* et a publié en 1896 *L'État des Juifs*, ouvrage de grand retentissement qu'avait lu Kafka. Les ***sionistes*** sont compris ici comme les partisans de ce mouvement.

Le Procès d'Orson Welles

Courte focale parmi les trois choix proposés par l'objectif d'une caméra à son opérateur (la mise au point, le diaphragme et la distance focale), celui de la focale est le plus déterminant pour l'esthétique de l'univers filmé. Alors que la focale moyenne (50 mm) donne aux arrières, seconds et premiers plans des présences semblables à ce que donne le cristallin de l'œil, alors que la longue focale (téléobjectif) rétrécit le champ visuel et rapproche les arrière plans, la courte focale ou grand angulaire (Welles travaille avec le 18,5 mm) élargit le champ visuel, déforme les verticales et allonge les perspectives.

Fish-eye est un objectif dont le champ couvert est de l'ordre de 180° ; il correspond aux œilletons inclus dans les portes d'entrée d'appartement permettant d'embrasser un vaste champ de regard.

Montage interne tout ce qui relève du déplacement des personnages, de l'organisation de l'espace, des mouvements d'appareil dans un même plan.

Plan-séquence traite en un seul plan l'ensemble d'une scène ou d'une séquence. Il se donne comme une suite continue d'images qu'aucune rupture ne vient casser.

Prolepse est une anticipation ou une annonce de ce qui va se passer plus tard.

Les deux *Procès* vus par les critiques de cinéma

Fidélité ou infidélité, trahison ou respect ?

La critique de cinéma attendait le film de Welles avec impatience. Le dernier opus du cinéaste, *Touch of Evil,* datait en effet de 1958.

Cette critique a été, lors de sa sortie, le 21 décembre 1962, partagée. Mais, alors qu'elle aurait du surtout interroger les spécificités d'écriture et d'esthétique du film, elle est revenue souvent sur la question de la fidélité, question qui cache une prééminence accordée au texte littéraire.

On trouvera dans le choix d'extraits de critiques proposé ici matière à réflexion sur le thème de la fidélité ou de la trahison du texte de Kafka : quels arguments sont avancés de part et d'autre ? sur quelles bases Welles crée-t-il une œuvre nouvelle ? On proposera enfin l'idée que, cette mise à disposition d'un cinéaste d'un texte unanimement reconnu et admiré, qui va servir son projet de création, n'est peut être pas une atteinte au talent de l'œuvre matricielle, mais une façon de lui rendre un vibrant hommage.

- **Jean de Baroncelli, *Le Monde,* 25 décembre 1962**

Ce ne fut jamais en étouffant sa propre personnalité

« *Ayant décidé de porter* Le Procès *à l'écran, Orson Welles pouvait ou bien respecter cette conception kafkaïenne du fantastique, ou bien délibérément rendre visuel ce qui dans le livre n'était fantastique qu'au second degré. Son tempérament ainsi que son génie cinématographique l'ont naturellement conduit à adopter la seconde solution. Ce faisant il n'a pas trahi Kafka, il a simplement traduit en images son sentiment intime… Qu'il s'agisse de la salle du tribunal, des couloirs, des corridors où attendent les prévenus, des palais où siègent les diverses services de l'étrange organisation, le décor est marqué de démesure. C'est dans ce sens que Welles a modernisé l'œuvre de Kafka. Il l'a transposée des sombres quartiers de la vieille Prague dans une sorte de Métropolis, de Babylone des temps futurs ».*

• Françoise Giroud, *L'Express*, 27 décembre 1962

Au creux de la rétine, mais pas au creux de l'estomac

« Dans le film, l'angoisse est extérieure. C'est une pression qui vient du décor, de la photo, de l'angle des prises de vues, de l'enfilade des couloirs, de la déformation des visages. Nous la voyons, nous la comprenons, nous en sommes témoins, nous n'en sommes pas victimes, nous ne participons pas, sauf à de rares instants. C'est pourquoi, en dépit d'une grande fidélité au récit et aux textes originaux, il s'agit du Procès *d'Orson Welles et non de celui de Kafka...*

Kafka habillé par Welles, c'est Chaplin en manteau de cour. Il n'en a que faire. »

• Claude Mauriac, *Le Figaro littéraire*, 27 décembre 1962

Une transposition faussée

« En choisissant dès la première séquence une interprétation purement onirique de l'œuvre et en nous la proposant comme telle, Welles faisait un choix, nécessité peut-être par l'obligation où il se trouvait de ne pas déconcerter son public dans une œuvre dont la raison d'être était pourtant de le plonger dans le malaise et l'étonnement. Mais ce parti pris faussait une transposition à laquelle il donnait de surcroît, à la fin, un sens précis que Kafka s'était bien gardé de proposer, cette explication raisonnable de la déraison privant Le Procès *des prolongements que lui ménageait son indétermination fondamentale. »*

• Michel Capdenac, *Les Lettres françaises*, 27 décembre 1962

Le mariage d'amour de deux génies

« Quel réalisateur, sans doute, ne pouvait mieux qu'Orson Welles, nous transmettre, jusqu'en ses radiations les plus subtiles et les plus inquiétantes, cette lumière noire de Kafka ?... Grâce à lui, voici que le phénix Kafka renaît de ses cendres supposées ou plutôt de l'accumulation poussiéreuse des interprétations arbitraires. Le phénix, ou au moins le choucas, puisque le nom de cet oiseau est en tchèque « kafka » et qu'il servit d'emblème commercial à la famille de l'écrivain.
Le film de Welles est une somme... le bilan prodigieux d'une œuvre, d'une vie, d'une vision du monde qui s'accorde tout naturellement, sans tricherie, sans hiatus, à celle de Kafka. Ce film résume par une magnifique synthèse à la fois Welles et Kafka... Welles n'a pas pris simplement prétexte du Procès *pour se livrer avec le brio qu'on lui connaît à des réflexions marginales. Il a traduit l'œuvre de l'écrivain par l'image et l'a mise en scène avec une exemplaire probité intellectuelle... Au-delà de certaines transpositions nécessaires... on ne pouvait imaginer fidélité plus scrupuleuse et plus attentive d'un réalisateur envers une œuvre littéraire ».*

• François Weyergans, *Les Cahiers du cinéma* n° 141, mars 1963

Welles emprunte la route de Kafka mais il vient d'ailleurs et se dirige ailleurs

« Orson Welles rencontre Frantz Kafka : on savait (on aurait dû savoir) que Welles n'aurait pas une attitude de critique ou de commentateur, mais que son art s'enrichirait d'un art différent. Même en voulant suivre scrupuleusement la narration de Kafka, Welles poursuit sa propre rêverie. Celle-ci se déroule en marge de Kafka après y avoir découvert son départ. Nous n'avons pas affaire à une re-création, ce qui impliquerait fidélité à l'original (cette fidélité fût-elle « créatrice »). Simplement, il y a une route explorée par Kafka, racontée par lui, et Welles emprunte cette route, — mais il vient d'ailleurs et se dirige ailleurs. Il intègre la fiction de Kafka

à la sienne. Cette fiction, qui recèle un symbole, possède chez Kafka une existence singulière grâce à l'écriture. Et Welles n'a pas récrit Kafka. »

• Jacques Chevalier, *La saison cinématographique*, 1963

Welles n'a pas actualisé *Le Procès*, il l'a projeté dans l'avenir

« La rencontre Welles-Kafka ne pouvait être de celles qui laissent indifférent. Il était évident que Welles n'allait pas se contenter d'une simple et banale illustration. Mais ne risquait-il pas, à l'inverse, de ne voir dans Le Procès qu'un prétexte à développer ses propres thèmes et ses propres obsessions visuelles ?... Welles a trouvé une solution nouvelle. Il n'a pas cherché à actualiser Le Procès. *C'eût été une trahison, puisque le roman de Kafka est à la fois parfaitement situé (le héros, Joseph K. est un petit employé, il loge dans une modeste pension et travaille dans des bureaux vétustes) et abstrait (K se trouve aux prises avec une Loi et une Justice qui, eux aussi échappent au Lieu et au Temps). Mais Welles n'a pas voulu non plus retrouver une vérité historique sous-jacente dans l'œuvre de Kafka, vérité susceptible d'aider à son analyse (les rapports de Kafka avec son père et cette autre oppression issue de sa condition de juif et de sa vie dans une ville sous domination autrichienne) mais qui n'ajoute rien à sa signification profonde. Au lieu d'inscrire* Le Procès *dans un passé « reconstitué », Welles a plutôt été tenté de le projeter dans l'avenir, mais dans un avenir imprécis, sans date, qui conserve au livre son aspect intemporel et son pouvoir concernant...* »

Bibliographie

Le Procès de Franz Kafka

Œuvres de Franz Kafka

L'œuvre complète de Kafka est bien sûr disponible dans *La Pléiade (Gallimard)*, édition présentée et annotée par Claude David, grand germaniste et grand connaisseur de Kafka, mais cette édition — de par son prix — est peu accessible aux élèves.

Les œuvres de Kafka existent par ailleurs ***en format de poche***, assorties de préfaces, de notes et de repères biographiques souvent intéressants et lisibles par tous ; traduites en français, pour nombre d'entre elles, d'abord par Alexandre Vialatte, elles ont été reprises en traduction jusqu'à nos jours par des germanistes confirmés, les éditions s'enrichissant sans cesse de notes et préfaces d'un apport précieux pour qui veut asseoir et approfondir son approche de l'œuvre de l'écrivain pragois. Le *Journal* et la *Correspondance* ont également fait l'objet d'éditions successives que nous signalons plus bas.

Le Procès existe, en traduction française, outre dans *la Pléiade* :

Chez *Pocket :* texte intégral ; traduction et présentation de Georges-Arthur Goldschmidt (très intéressante préface).

Chez Gallimard en *Folio Classique*, traduction de Vialatte, présentation de C. David, tandis qu'un *commentaire* signé Jean-Pierre Morel, assorti de documents, est disponible dans la collection Foliothèque (n° 71).

Le Livre de Poche publie une traduction d'Axel Nesme, préface et notes de B. Vergne-Cain et de G. Rudent, les mêmes ayant participé à un recueil des textes de Kafka (incomplet mais précieux, car on y trouve les « grands récits » de l'auteur, dont *Le Château* et *La Métamorphose*) intitulé « Kafka, récits, romans, journaux » dans la collection *Les Classiques modernes, la Pochotèque* (plusieurs traducteurs, dont Marthe Robert, François Mathieu et Axel Nesme). Cet ouvrage constitue un atout précieux tant pour les élèves que pour les professeurs désireux de lire d'autres textes de Kafka et de suivre son « évolution littéraire » au long de sa (courte) vie. Préface et notes abondantes et claires.

NB : C'est à cette édition du Livre de Poche que le présent travail se réfère.

Autres écrits

Journal de Kafka, traduction et notes de Marthe Robert, *Le Livre de Poche*, Biblio (Grasset, 1954), essentiel pour comprendre l'homme et l'écrivain et percevoir la « gestation » du *Procès*.

Lettre au Père de Kafka, *Folio*, Gallimard, traduction de Marthe Robert, 1957. Précieux pour ce qui est du sentiment de culpabilité et du lien conflictuel avec son géniteur.

Lettres à ses Parents, 1922-1924, Gallimard, 1990. Préface de Pietro Citati. Recueil de 32 lettres découvertes en 1986 chez un bouquiniste de Prague et couvrant les deux dernières années de vie de Kafka (1922-1924)

Lettres à Miléna, L'Imaginaire, Gallimard, 1988, traduction d'A. Vialatte de 1956, reprise par Claude David ; avec notice biographique, appendice, notes, index des noms de personnes.

NB : ces deux derniers ouvrages relèvent de périodes postérieures à la rédaction du *Procès* mais s'avèrent précieux pour mieux connaître l'homme.

Autour de l'œuvre

L'Espace littéraire, Maurice Blanchot, Folio Essais, Gallimard, 1955, dont une grande partie de la réflexion est consacrée à Kafka. Un peu difficile pour les élèves, cet ouvrage sera précieux aux professeurs désireux de parfaire leur approche de l'auteur et d'asseoir leur réflexion sur les liens entre la littérature et la mort, entre écrire et « apprendre à mourir »...

De Kafka à Kafka, Maurice Blanchot, Folio Essais, Gallimard, 1981. Mêmes remarques que précédemment. Cet ouvrage rassemble les écrits de Blanchot sur Kafka, y compris ceux parus dans *L'Espace littéraire.*

La Conscience des Mots, Elias Canetti, Albin Michel, 1984 ; remarquable approche des « deux procès », la rupture des fiançailles de l'auteur en 1914 et la rédaction de son récit dans les semaines suivantes. (chapitre intitulé « l'autre procès ») ; lisible par les élèves sans grande difficulté.

Seul comme Franz Kafka, Marthe Robert, Calmann-Lévy, 1979 ; la grande traductrice et spécialiste de Kafka y analyse les rapports de l'auteur du *Procès* à la judéité, à l'appartenance au milieu culturel pragois du début du vingtième siècle, et cherche à rendre sensible le lecteur au rapport conflictuel et ambigü de Franz à son père et à la communauté juive de Prague, en abordant quelques aspects psychanalytiques de l'œuvre. Un peu difficile pour les élèves, mais tout à fait capital pour les enseignants. D'un réel apport pour l'étude du *Procès*.

On se limitera à ces quelques ouvrages fondamentaux mais qui ne peuvent rendre compte à eux seuls de l'immensité des travaux critiques consacrés à l'œuvre de l'auteur du *Procès*.

Le Procès d'Orson Welles

Sur *The Trial*

L'art du mensonge et de la vérité : Orson Welles, le Procès et Une histoire immortelle par Elsa Nagel, L'Harmattan éditeur, 1997.

Une très stimulante étude du film de Welles dans une perspective résolument « wellésienne » par une universitaire s'appuyant sur les approches sémiologiques des films initiées par Christian Metz. La lecture reste toutefois un peu ardue pour des élèves de lycée.

Le Procès, découpage du film après montage, réalisé à partir des versions française et anglaise et à partir du scénario original du film, avec l'accord d'Orson Welles. (*L'Avant-Scène du cinéma* éditeur, numéro 23 du 15 février 1963).

Un outil de travail incontournable surtout pour la lecture des séquences ou scènes coupées, soit au moment du tournage, soit au moment du montage. Cette revue n'est accessible que dans les médiathèques qui ont la collection de *L'Avant-Scène.*

Sur Orson Welles

Orson Welles, Jacques Zimmer et Danièle Parra, Collection *Filmo 13,* Edilig, 1985.

Ouvrage enthousiaste et pédagogique de vulgarisation sur l'ensemble de l'œuvre de Welles, précédé d'une biographie du cinéaste, aujourd'hui épuisé.

Orson Welles, cinéaste, Une caméra visible,* volume 1 : *Mais notre dépendance à l'image est énorme. Collection *Les Essais,* éditions de la Différence, 2001.

Premier volume d'une série de trois consacrée à Orson Welles. Ouvrage érudit et pointu qui cerne « la constellation historique, sociale, politique, philosophique, artistique, cinématographique et biographique qui a donné naissance à l'œuvre de Welles ».

Orson Welles, André Bazin, édition du Cerf, Ramsay Poche Cinéma, 1986.

La première partie de l'ouvrage est une biographie mêlant les mises en scène de cinéma, de théâtre et les interprétations de Welles. La seconde partie comporte des entretiens publiés par *Les Cahiers du cinéma.* Ouvrage riche en analyses des films de Welles jusqu'à *Touch of evil* (1958) et surtout en commentaires de Welles lui-même sur ses œuvres.

Moi, ***Orson Welles,*** entretiens avec Peter Bogdanovich, éditions Belfond, 1993.

Ouvrage très accessible proposant de nombreuses déclarations de Welles à la fin de sa vie.

Filmographie

Adaptations d'œuvres de Franz Kafka

Amerika, rapports de classe de Jean-Marie Straub et Danièle Huillet (1984) d'après ***L'Amérique (L'Oublié).***

Une adaptation libre mais rigoureuse de l'étrangeté du quotidien propre à Kafka.

Le château de Michael Haneke (1997).

Film de télévision réalisé par le cinéaste autrichien et inédit en France (accessible en DVD). « Haneke fait le choix d'une fidélité presque maniaque au manuscrit de l'écrivain, ce qui permet de transcender la prose kafkaïenne à l'écran » (Julien Welter, *Repérages,* automne 2003, page 18).

Autres films

Kafka de Steven Soderbergh (1991).

Le réalisateur américain invente une aventure de la vie de Kafka selon un principe de narration et des atmosphères totalement kafkaïens.

Franz Kafka film d'animation de Piotr Dumala (1991).

Biographie de fiction de Franz Kafka inspirée du journal intime et des photographies de l'écrivain. L'animation est réalisée par la technique du grattage de peinture sur des plaques de plâtre. Ce film a reçu de nombreux prix internationaux.

Franz Kafka de Karel Prokop (1995, 55 mn).

Documentaire proposant une biographie de l'auteur du *Procès.*

Shadows and Fog (***Ombres et brouillard)*** de Woody Allen (1991).

Dans l'ombre et les brouillards d'une ville inquiétante autant qu'imaginaire, un mystérieux tueur frappe jour après jour, sans relâche... Le climat du film et son goût de l'incongru évoquent l'univers de Kafka. Woody Allen fait référence explicitement à Kafka en y rajoutant une dose de dérision et de farce. Le travail du chef opérateur, Carlo Di Palma et du décorateur, Santo Loquasto, sont déterminants et intéressants à analyser.

Table des matières

Propositions de sujets 111

Annexes 143

Aubin Imprimeur
LIGUGÉ, POITIERS

Achevé d'imprimer en novembre 2004
N° d'impression L 67710
Dépôt légal novembre 2004
Imprimé en France